Camilo Lopes

TDD
NA PRÁTICA

EDITORA CIÊNCIA MODERNA

TDD na Prática

Copyright© Editora Ciência Moderna Ltda., 2012

Todos os direitos para a língua portuguesa reservados pela EDITORA CIÊNCIA MODERNA LTDA.

De acordo com a Lei 9.610, de 19/2/1998, nenhuma parte deste livro poderá ser reproduzida, transmitida e gravada, por qualquer meio eletrônico, mecânico, por fotocópia e outros, sem a prévia autorização, por escrito, da Editora.

Editor: Paulo André P. Marques
Produção Editorial: Aline Vieira Marques
Assistente Editorial: Amanda Lima da Costa
Copidesque: Nancy Juozapavicius
Diagramação: Tatiana Neves
Capa: Daniel Jara

Várias **Marcas Registradas** aparecem no decorrer deste livro. Mais do que simplesmente listar esses nomes e informar quem possui seus direitos de exploração, ou ainda imprimir os logotipos das mesmas, o editor declara estar utilizando tais nomes apenas para fins editoriais, em benefício exclusivo do dono da Marca Registrada, sem intenção de infringir as regras de sua utilização. Qualquer semelhança em nomes próprios e acontecimentos será mera coincidência.

FICHA CATALOGRÁFICA

MEDEIROS NETO, Camilo Lopes de.

TDD na Prática

Rio de Janeiro: Editora Ciência Moderna Ltda., 2012.

1. Programação de Computador – Programas e Dados 2. Ciência da Computação
I — Título

ISBN: 978-85-399- 0327-6   CDD 005
                                                 004

Editora Ciência Moderna Ltda.
R. Alice Figueiredo, 46 – Riachuelo
Rio de Janeiro, RJ – Brasil   CEP: 20.950-150
Tel: (21) 2201-6662/ Fax: (21) 2201-6896
E-MAIL: LCM@LCM.COM.BR
WWW.LCM.COM.BR

Agradecimentos

Fazer esta parte aqui nunca é fácil, pois são várias pessoas que contribuem para uma obra como esta: amigos, colegas de trabalho, familiares, amigo virtual etc. E lembrar de cada um não é uma tarefa fácil. Sendo assim, estarei destacando aqueles que vieram em memória no momento que escrevo este trecho. Aqueles que contribuíram e acabei esquecendo, peço que me perdoem.

Não poderia esquecer o meu colega de trabalho Gustavo Knuppe; apesar dele não saber que estava escrevendo este livro, foi responsável em muitas mudanças que fiz na forma de abordar o assunto de *TDD*. Principalmente em um artigo sobre *TDD*, o qual Knuppe foi o revisor, e nesse processo, sugiram várias e boas sugestões no artigo produzido que aproveitei para utilizar neste projeto. Um amigo que não poderia deixar de fora é o Alberto Leal. Eu diria que meu contato com mundo *Agile* começou devido a uma apresentação sobre *refactoring* que o Leal fez em alguns minutos via *MSN* e depois desse dia fui me envolvendo mais e mais com a técnica e quando conheci *TDD* e liguei o passado com o presente vi que ter conhecido *refactoring* com o Alberto fez uma diferença e grande. Obrigado, meu amigo!

Dedicatória

Gostaria de dedicar este trabalho à minha família. Primeiramente ao meu pai Camilo Lopes de Medeiros, à minha avó Sra. Benigna Sales e à minha mãe Celidalva Medeiros, pois são as pessoas mais importantes e influentes na minha vida. Obrigado por tudo. Amo vocês!

Uma pessoa que não poderia deixar de dedicar é à minha namorada Ellis Ribeiro. Amor, agradeço a você pela paciência, inspiração, motivação e apoio. E apesar de você não ser da área, ajudou na revisão do livro. Dedico essa obra para você meu amor.

Outra pessoa que não posso deixar de dedicar é ao meu amigo Edson Gonçalves, sempre digo que se me tornei um escritor é porque fui "batizado" por esse grande escritor e amigo; temos tido um laço de amizade verdadeira por mais de quatro anos. Amigo, obrigado por tudo que tem feito por mim, sabe que serei eternamente grato a você. Dedicar este livro para um grande amigo como você é o mínimo que posso fazer. Nos momentos mais difíceis você sempre estava ali comigo me dando força e não abandonou por nenhum minuto, sempre firme e forte. Abraços e tudo de bom para você, meu grande amigo.

Sobre o autor

Trabalha com T.I desde 2003. Bacharel em Sistemas de Informação, Especialista em Gestão Estratégia de Negócios. De 2003 à 2007 trabalhou em pequenas e médias empresas na área de TI suporte técnico, *designer*, programação, etc. De 2008-2010 foi para IBM Brasil como programador *Java* Jr em um projeto internacional. Em 2011-2012 trabalhou no Laboratório de pesquisa e desenvolvimento - *Enterprise Computing Lab* da HP Brasil em Porto Alegre - RS como *Software Engineer* com *Cloud computing, Java, Data WareHouse, TDD* etc. Atualmente trabalha na Ci&T *Lab* Brasil como *Software Developer* em projetos *JEE*. É escritor do livro *"Guia do Exame SCJP"* e *"Guia Prático JEE Com frameworks"*. Blogueiro viciado *www.camilolopes.com.br*. Nos últimos anos vem se dedicando o uso de metodologias e práticas ágeis em projetos de *software*. Nas horas vagas quando não está com a família ou amigos, prefere estar em casa aprendendo alguma coisa nova.

Outras Publicações

Reservei este tópico para apresentar meus outros dois livros, caso não conheça. A seguir apresento meus queridos "filhos" para você:

Guia do Exame SCJP

Este aqui foi meu "primeiro filho". Levei em média três anos trabalhando nele, sendo quase um ano com a Editora. Foi o primeiro que deu um trabalho daqueles. Até por que, para quem não sabe, nenhum dos meus livros são planejados. Todos vieram dos meus rascunhos no meu caderno de anotações que sempre faço quando estou estudando algo ou passando por alguma experiência. Desde pequeno sempre gostei de registrar as coisas e quando eu vejo já tenho anotações que após um "refatoramento" pode virar um livro. Acho que se eu planejasse meus livros não teria escrito nenhum. O objetivo do *Guia do Exame SCJP* é para quem está estudando para tirar a certificação de programador *Java*, tanto para o exame na versão Java 5 ou 6. O livro foca nos assuntos chaves do exame aqueles que você jamais pode esquecer e deve estar afiado semanas antes do dia da prova. Quando criei o livro, eu sentia falta de ter algo que pudesse ler e revisar naqueles horários curtos que temos, mas que gostaríamos de estar fazendo algo produtivo, como no intervalo de aula na faculdade, no metrô, ônibus, sala de espera etc. O livro da *Kathy Sierra*, que eu recomendo a leitura antes do meu, tem capítulos longos, é grande e dificulta a leitura nos momentos que citei. E a partir dessa necessidade nasceu o *Guia do Exame SCJP*.

Guia JEE com frameworks

Este projeto iniciou em 2009 (se é que posso confiar na minha memória). Na época nem tinha cara de livro, era um rascunho anotado um bloco de folhas A4 que mando fazer para anotar as coisas. Cada *framework* que fui aprendendo ia anotando nesse bloco. Coisas que via no dia-a-dia que não encontrei nos livros também ia anotando. Final de 2009 para início de 2010 olhei para o bloco e disse: *"eita, tem muita coisa já anotado aqui, tô perdido, preciso passar isso para um "doc", do contrário fico perdido"*. Foi aí que percebi a dificuldade que tive quando iniciei com *frameworks*. E posso contar com os dedos das mãos quantos livros eu pude encontrar que ensinasse a integrar *frameworks*. Um exemplo clássico: *Hibernate com JSF ou como usar Hibernate em projetos JEE etc*.  Sempre achei isso separado, seja em livros ou até em artigos na *internet*. Claro que isso não me impediu de aprender, mas confesso que foi um dos melhores caminhos na época. Talvez ajudou a entender melhor, quebrei a cabeça bastante, mas gastei muito tempo até encontrar a solução que precisava de fato. Era, às vezes, muito esforço para um resultado tão pequeno, e algumas vezes ia dormir frustrado quando não tinha sucesso com algo. Pensando nisso, eu parei e me perguntei: *alguém aí deve ou vai passar também por isso, então por que não escrever um livro para que possa ajudar?"*, foi quando juntei tudo que vinha acumulando, melhorei e adicionei mais informações, adicionei minha experiência profissional e nasceu o *Guia JEE com Frameworks*, um livro focado para iniciantes em *frameworks JEE* que tem como objetivo aprender a usar os *frameworks* mais utilizados no mercado de forma prática sem precisar recorrer a vários livros. Claro que ao terminar o livro o leitor não será um especialista nos *frameworks* ou tecnologias abordadas, mas será capaz de criar e desenvolver um projeto integrando cada uma. O livro só não é recomendado para iniciantes em *JEE* ou *Java*. Então é requisito conhecer *Servlet*, *JSP*, conexão com BD em *Java*, um servidor de aplicação (de preferência *TomCat*):

Mensagem de reflexão

Gosto de deixar uma mensagem de reflexão, pois as chances de você passar por dificuldades no decorrer da leitura será algo normal, por estar aprendendo. Então, quando pensar em fechar o livro por não estar conseguindo ir adiante, pense nisso:

*"Foi aqui que muitos desistiram e eu não posso desistir onde todos eles desistiram. É isso que me faz ser diferente dos outros: **aprender a não desistir”.***

Do autor para os leitores

Não posso deixar de agradecer a você leitor por mais essa confiança em um dos meus trabalhos, realmente fico muito feliz em saber que acreditou e adquiriu um exemplar. Eu espero atingir suas expectativas em relação a este projeto e que ao término de sua leitura você sinta-se satisfeito por ter aprendido de fato a programar usando a técnica de *TDD*.

Sinta-se à vontade para me escrever sempre que precisar de um apoio, mandar uma crítica, fazer uma sugestão etc. Enfim, escreva sempre que achar necessário. Eu ficarei muito feliz em responder ao seu *e-mail*.

Escrever livros é um *hobby* que pratico nas minhas horas vagas, momentos em que preciso relaxar. Nada aqui está relacionado a questões monetárias, é simplesmente o prazer de escrever e poder ajudar compartilhando um pequeno conhecimento com quem está em um contexto passageiro que um dia eu já estive. E a maior recompensa que ganho é receber um *feedback* seu.

Abraços e bons códigos.

Fale Comigo

 Envie sua crítica, sugestão, elogio, suas dúvidas para meu *e-mail*: *camilo@camilolopes.com.br*

 Twitter: *@camilolope*

 blog: *www.camilolopes.com.br*

 SlideShare: *http://www.slideshare.net/camilolopes*

Desafio

Quando eu decidi escrever este projeto foi por me sentir desafiado (assim como os outros já publicados). É isso mesmo. Ao olhar o que tinha em mãos (anotações) mais a experiência e sofrimento com o "mundo *TDD*" e decepções que passei, eu disse: *"preciso escrever um livro sobre o assunto"*. Daí reparei que escrever um livro com um assunto abstrato não seria uma tarefa fácil, uma vez que *TDD e refactoring* são técnicas que não se aplicam somente à linguagem *Java*. E daí eu comecei a entender melhor o livro do *Kent Beck* (*TDD by example*) e *Martin Fowler* (o de *Refactoring*), o quanto eles são "chatos" e sem sabor para quem é bem iniciante. E eu disse: *"preciso fazer algo que empolgue o iniciante, ou seja, algo com sabor, mas que eu não venha perder o eixo principal da técnica"*. E daí passei dias pensando, escrevendo, apagando, anotando, dormindo sem respostas e fui vendo como vencer esse desafio de ensinar *TDD* sem ferir os conceitos da técnica. Isso era o que me tirava o sossego todos os dias e não sei se consegui atingir. Acredito que sim, mas só terei a certeza quando você me escrever dizendo o que achou .

História do Livro

A história desse meu "novo filho" (é assim que eu batizo meus livros) é bem interessante. Tudo começou no ano de 2010 em um projeto *Java* e lá começamos usar *TDD*, mas nada formal ou cultural, posso dizer que comecei a usar sem saber. Daí um dia caiu a ficha. Fui pesquisar mais sobre o assunto, comprei uns livros, fiz um curso na *Caelum* (que por sinal foi muito bom e recomendo, FJ-16), pratiquei um pouco, porém o que me fez aprender mais foi um segundo projeto profissional que participei que me fez perder mais o medo na programação orientada a teste, pois usei *TDD full time*, ou seja, todos os dias, durante todo o dia (até sonhava). Daí vi:

- Onde *TDD* não se aplica;
- O quanto ele ajuda no desenvolvimento e manutenção do *software*;
- Qualidade do que está sendo entregue;
- *Design* e desenvolvimento integrado;
- Etc.

E naquele momento já tinha muitas anotações e alguns exercícios *house-made,* fui comparando com novas experiências, aprendendo com os erros e acertos e assim fui tocando meu barco. Foi onde descobri as dificuldades que muitos encontraram ao tentar usar o tal do *TDD*, onde alguns desistiram, mas eu persisti (e você também vai persistir) e resultou nesse trabalho. Porém eu pensei: *"um livro só com TDD é muito pouco, por que não trazer todas as conexões com TDD (Refactoring, mundo Agile etc.) para o livro?"*. Como iniciante, eu sempre quis entender melhor essa sopa de letras no mundo do desenvolvimento, mas sempre encontrei tudo separado e montar o quebra-cabeça para quem está começando, não é tão fácil assim. Eu sempre tive vontade de escrever algo sobre *Refactoring*; na verdade eu digo que meu "namoro" com o mundo *Agile* foi com *refactoring* em 2007, quando eu vi o assunto pela primeira vez quando meu amigo Alberto Leal sugeriu como tema para minha monografia, e como eu gosto do que é novo e desconhecido (pra mim) e adoro me sentir desafiado, fui "fuçar" o que era. E o resultado é que gostei, fiquei viciado e não há clínica de recuperação (boa notícia). Ainda pretendo escrever um livro sobre *refactoring* complementando o meu livro de cabeceira escrito pelo *Martin Fowler*, e não poderia deixar de trazer para este livro uma parte prática com *refactoring* para quem está começando. E foi assim que nasceu o *TDD na Prática*.

Objetivo

O objetivo deste livro é ensinar como fazer *TDD* usando a linguagem de programação *Java*.

O que tem de diferente?

O livro foi feito de uma forma muito diferente de qualquer outro. Se você é muito iniciante em *Java*, então terá que estudar um pouco mais a linguagem e conceitos. A diferença deste livro é que, além de revisar conceitos *Java* de forma prática, você estará fazendo isso usando *TDD* como forma de desenvolvimento.

Então veja o que tem de diferente neste livro:

- Você pratica *Java* já usando técnicas no mundo *Agile*;
- Exercícios focados no objetivo do livro;
- Motivamos você a não ser uma máquina que apenas codifica, e sim um bom desenvolvedor. Então terá que pesquisar e ir à busca de informação para resolver determinados exercícios, consultar o *Javadoc,* ir a sites importantes da comunidade *Java*. Isso é o que todo bom desenvolvedor faz;
- Não teremos exercícios simples, onde você passa a ter a sensação que sabe programar em *Java* somente porque sabe fazer um *"Hello World",* declarar uma variável, etc. Serão problemas e desafios que nós desenvolvedores recebemos no dia-a-dia, que nem sempre é tão simples quanto parece.
- Refatoração (*refactoring*): mostraremos o que é *refactoring*, a importância do uso e como aplicar alguns *refactoring* no seu código usando o *Eclipse*;
- TDD: veremos na prática como usar a técnica *TDD* em seus projetos usando a ferramenta *JUnit* no *Eclipse*;
- Entender um pouco dos valores do mundo *Agile*;
- Um pouco de *Scrum Framework*;

Quem pode ler?

O público alvo são estudantes da tecnologia *Java* que querem aprender a usar *TDD* desde o princípio e têm simpatia pelo mundo *Agiile*. Se você ainda está dando os primeiros passos com *Java* e gosta de ser desafiado, este livro é para você. Indiretamente, o livro acaba revisando alguns conceitos básicos do *Java* nada fora do normal, porém agora o desafio é você fazer as coisas mais simples escrevendo seu teste primeiro. Como eu já passei por isso, sei o quanto difícil é escrever os testes antes do código funcional e quando eu digo mais simples, não necessariamente quero dizer mais fácil. Se você está bem no início do *Java*, ainda dando *"Hello World"*, eu diria que o livro não vai ajudar muito nos seus estudos com *Java*, talvez atrapalhe. A minha sugestão é: aprenda primeiro os fundamentos da linguagem e Orientação a Objetos e depois retorne a todo vapor para ler o livro. Enquanto isso coloque na prateleira e não compre o exemplar.

Pensei em escrever este livro quando, ao iniciar meus estudos com *Java*, não encontrei material do qual pudesse desde "pequeno" ir sendo educado com boas práticas, e fui aprendendo no dia-a-dia, sem contar os sofrimentos que tive até adquirir uma nova cultura. Se você é aquele iniciante que está a fim de colocar em prática toda essência do *Java* e ao mesmo tempo ir entendendo o que só ouve falar de *TDD*, *Refactoring*, *JUnit*, este livro é para você.

Eu particularmente diria que este é um tipo de livro que gostaria de ler depois de ter lido *Head First Java* da *Kathy Sierra*.

Enfim, eu resumiria que este livro é para quem gosta de programar de verdade e adora se sentir desafiado.

Metodologia Adotada

Usarei a metodologia que tenho adotado em todos meus livros, onde a escrita busca ser uma leitura direta com o leitor e o uso da primeira pessoa é bastante comum. O motivo é que durante seus estudos quero que tenha a sensação de estar batendo um papo comigo ao invés de estar lendo algo mais formal. Acredito que dessa forma vai ajudá-lo a entender aqueles assuntos mais "chatos", principalmente se é iniciante. Não se esqueça de enviar um *feedback* sobre o que achou. Eu ficarei muito feliz e certamente motivado a escrever outras obras.

Neste livro a forma de explanação dos assuntos não será diferente dos outros meus já publicados, ou seja, buscando sempre uma linguagem direta, informal e clara. Um destaque é que dei preferência em ser repetitivo e "chato", pois pela minha experiência de 10 pessoas que já conheci dando os primeiros passos com *TDD*, 8 reclamaram que é chato, não faz sentido e para que eu faria algo do tipo que aparenta dar mais trabalho durante o desenvolvimento. O primeiro ponto é você acreditar que eu não gastaria horas e horas do meu tempo para escrever este projeto se de fato não achasse interessante. Então, por enquanto, pule qualquer bloqueio que surgir em sua mente de achar que o que está sendo abordado não faz sentido, e não vá para o caminho que muitos já foram, o de desistir, pois esse sempre é percurso mais fácil a ser seguido.

 Nota: Apesar que no decorrer do livro citamos "linha vermelha" ou "linha verde", as imagens não estão em colorido. Porém, decidi manter essa terminologia para seguirmos a técnica de TDD bem ao pé da letra.

Sobre os Labs

Bem, aqui é algo muito diferente do que já pode ter visto. Muitos livros têm, após o capítulo, uma lista de exercícios ou um único exercício de revisão e disponibiliza o código para o leitor. Nada de errado nisso. Porém neste livro vamos dar mais autonomia para que você saiba se a solução para o exercício está certa e, o melhor de tudo, ao mesmo tempo em que faz o exercício.

"Não entendi nada. Camilo". Você pode estar pensando assim, mas não se preocupe: a seguir vamos deixando as coisas mais claras para você. Serei até bonzinho no primeiro exercício, onde vou acompanhar você bem de perto, dando dicas, praticando etc. Mas nos próximos estarei mais longe.

Um detalhe importante que não posso esquecer é que não coloquei passos básicos de desenvolvimento, tais como: abrir o *Eclipse*, criar um novo projeto *Java*, como importar projetos no *Eclipse* etc. Acredito que como desenvolvedor, mesmo sendo iniciante, você já deve ter feito isso em seus projetos *house made*.

Nosso Lab

Em nossa página *http://lab.camilolopes.com.br* você encontrará *as libs* que usamos nos projetos visto no decorrer do livro. Há também vídeos para instalação e configuração de ferramentas no *Eclipse* que não estão relacionados a este livro, mas há plataforma *JEE*.

Fazendo *Download* dos Projetos *GitHub*

Há dois pacotes de *source* que você precisa fazer o *download*: um contém os projetos (chamado de *sourcesolucao)* com as soluções e o outro contém os projetos no modo de Lab (chamado de *sourceLab)* para praticar. Eu vou acreditar que você não irá às respostas antes de desenvolver a sua primeira solução. Outro ponto importante é que o pacote que possui as soluções dos projetos será utilizado no capitulo *Praticando Refactoring*, portanto nunca altere uma linha de código de nenhum projeto deste pacote, do contrário não terá como fazer de forma confortável a parte prática de *refactoring*, que vou explicar mais na frente. Então, busque separar esses pacotes no seu computador de forma que você não fique perdido em saber qual deles está sendo usado. Os códigos estão hospedados no *GitHub*. Acesse:

https://github.com/camilolopes

e procure pelo repositório referente ao livro, verá que o nome desse será autoexplicativo. Em seguida faça *download* dos projetos.

O que não iremos ver

Neste livro não vamos abordar nada relacionado a banco de dados, servidores de aplicações, *JEE* etc. O objetivo aqui é você aprender a usar *TDD* em aplicações com *Java* puro.

Como ler?

Como vou considerar que você já tem conhecimento básico de *Java*, você pode ir lendo de maneira sequencial ou não. Recomendo ler de forma sequencial (caso seja iniciante) e os tópicos que julgar básicos podem ser pulados. Porém, os primeiros capítulos são praticamente obrigatórios para que consiga ter um bom desenvolvimento durante a leitura.

Sumário

Capítulo 1
Preparando o ambiente de desenvolvimento 1

Instalando Java no Windows 2
Instalando Java JDK no Ubuntu 3
Configurando as Variáveis de Ambiente 4
Instalando OpenJDK 5
Instalando Plugin no Eclipse 9
Eclemma 9
    Rodando o Eclemma 10
PMD Tools 11
Conclusão 14

Capítulo 2
Um pouco sobre o mundo Agile 15

O Manifesto Ágil 15
Scrum o que você precisa saber 17
    Mas o que é Scrum? 17
    Pontos chaves do Scrum 18
    Os papéis no Scrum 18
        Diferença entre Time e Equipe 18
    O que temos no Scrum? 19
    Homem-dias disponíveis no Scrum 19
        De onde veio esse 50% do fator foco? 20
Escrevendo User Story 20

XXXII | TDD na prática

Ferramenta Scrum 21
    IceScrum 22
    ScrumWorks 22
Certificações Scrum Alliance 23
    Scrum Basis 23
    Scrum Advance 23
    Certified Scrum Professional 24
Seguindo uma linha com Scrum 24
Minha Experiência com Certified Scrum Master 25
    Como funciona? 25
    E para que serve? 25
    A diferença 26
    O treinamento 27
    A sacada da Scrum Alliance 27
    Ao sair do curso 27
    Compensa? 27
    Como o mercado vê essa certificação? 28
    Na minha opinião 28
Conclusão 29

Capítulo 3
Refatoração 31

Por que usar refactoring? 33
Aplicando Refactoring com Eclipse 35
PMD tools 36
Um guia para Refactoring 39
    Consolidate Expression Conditional 39
        Motivação 39
        Mecânica 40
        Exemplo 40

Replace Magic Number with Simbolic Constant 41
    Motivação 41
    Mecânica 41
    Exemplo 41
Conclusão 42

Capítulo 4
JUNIT 43
O JUNIT 43
Test Suite 47
Vantagens do JUNIT 49
Criando um source de unit test 49
Boas Práticas com unit tests 52
    Caso 1: assertEquals & assertTrue 52
    Caso 2: assertTruecom List 53
    Caso 3: assertSame / assertNotSame 54
Bom e Ruim unit test 54
Conclusão 55

Capítulo 5
Mocks com Mockito 57

Na prática 57
Mockito 59
    Usando JUnit com o Mockito 59
Conclusão 62

Capítulo 6
Test Driven Development TDD 63

O que é TDD? 63

O Ciclo TDD 64

Que base precisa ter para entender TDD? 65

O ciclo de vida TDD 65

Tipos de testes 66

Os mandamentos TDD 66

TDD Pattern 67

Failure & Error (blue x red) 68

Como eu faço TDD 69

Primeira aplicação Java com TDD 71

Contexto 71

Praticando 71

Test Driven Development TDD 77

Na Prática 77

Como iremos praticar? 77

Requisitos 77

Como funciona? 78

Como resolver? 79

Os níveis dos Labs? 79

LabComplementar 79

Os exercícios serão chamados de Lab 79

O que você não tem que ficar preocupado? 80

Vamos começar? 80

Praticando TDD 81

Parte I (PI) 81

Lab 1: Pagamentos de Faturas 82

Lab 2: Prazo de Entrega 84

Lab 2.1: Produto Frete 86

Lab 3: Embalagem 88

Conclusão 89

Praticando TDD 90

Parte II (PII) 90

Sumário | XXXV

Qual a diferença da parte II para parte I? 90

    Lab PII: E-Mail 91

    LabPII: Empréstimo Bancário 93

    Lab.:PII: Idade 94

    Lab PII: Consumo Elétrico 95

    LabPII: Extenso 96

    LabII: CPF 97

    LabPII: Investimento 98

Conclusão 98

Capítulo 7
Lab Extra TDD 99

    Lab Complementar: Controle de Compras 100

    Lab Complementar: Agendamento de Tarefas 101

    Lab Complementar: Multa Mora 102

    Lab Complementar: Imposto de Renda 103

Conclusão 104

Capítulo 8
Praticando Refactoring 105

E por que este capítulo, Camilo? 105

Como praticar refactoring? 106

Quando sei que o refactoring funcionou? 107

Vamos praticar? 107

    Lab Refactoring Projeto: Emissão de Boletos 108

    Lab Refactoring Projeto: CPF 109

    Lab Refactoring Projeto: Email 110

    Lab Refactoring Projeto: Extenso 111

    Lab Refactoring Projeto: Busca ISBN 112

XXXVI | TDD na prática

Lab Refactoring Projeto: Consumo Eletrico Big 113
Lab Refactoring Projeto: Simulador de Investimentos Big 114

E agora? 115

Referências 119

Sumário de Imagens

Figura 1: Listando diretório JVM 3

Figura 2: Editando arquivo jvm 4

Figura 3: Editando bash_profile 4

Figura 4: Compilando e executando 5

Figura 5: Código Java 5

Figura 6: Terminal Ubuntu 5

Figura 7: Instalando openJdk 6

Figura 8: OpenJdk sendo instalando 6

Figura 9: Verificando instalação do openJdk 7

Figura 10: Usando o gedit 7

Figura 11: Listando arquivos na pasta do usuário 8

Figura 12: Compilando classe Java 8

Figura 13: Verificando se o .class foi gerado 8

Figura 14: Executando aplicação Java 9

Figura 15: Instalando um plugin no Eclipse 10

Figura 16: Informando o repositório do plugin 10

Figura 17: Botão do Eclemma adicionado ao Eclipse 10

Figura 18: Rodando Unit Test com Eclemma 11

Figura 19: Resultado da cobertura 11

Figura 20: Instalando plugin no Eclipse 12

Figura 21: Informando o repositorio 13

Figura 22: Escolhendo a versão PMD 13

Tabela1: Cálculo homem-dias disponível no Sprint 19

Figura 23: Escrevendo User Story 20

Figura 24: Certificações Scrum Alliance 23

Figura 25: Certified Scrum Master 25

Figura 26: Aplicando rename refactor pelo Eclipse 35

Figura 27: Checano código como PMD 36

Figura 28: Resultado PMD Tools 37

Figura 29: Verificando as violações no código 37

Figura 30: Sugestões da ferramenta PMD 37

Figura 31: Olhando a sugestão em detalhes PMD 38

Figura 32: Corrigindo a violação 39

Figura 33:Criando Junit Test Case 45

Figura 34: Teste Falhando 46

Figura 35:Teste Passando 46

Figura 36:Adicionado nova classe de teste 47

Figura 37: Criando Test Suite 48

Figura 38: Test Suite Passando 48

Figura 39: Rodando Test Suite - Unit Test falhando 48

Figura 40: Criando um source folder para unit test 50

Figura 41: Projeto com unit/test source 50

Figura 42: unit/test source com classes de testes 51

Figura 43: Rodando Junit Test no source 51

Figura 44: Resultado JUnit Test source 51

Figura 45: Ciclo TDD 64

Figura 46: Ciclo de vida TDD 65

Figura 47: Lista TO-DO 70

Figura 48: Desenvolvendo com a lista TO-DO do lado 71

Figura 49: Rodando teste para RGTest - Falhando 73

Figura 50: Rodando teste para RGTest - Passando 74

Figura 51: Validando RG - Falhando 75

Figura 52: Validando RG - Test Passed 75

Figura 53: Lista TO-DO E-mail 91

Figura 54: Lista TO-DO Empréstimo Bancário 93

Figura 55: Lista TO-DO Idade 94

Figura 56: Lista TO-DO Consumo Elétrico 95

Figura 57: Lista TO-DO Extenso 96

Figura 58: Lista TO-DO CPF 97

Figura 59: Lista TO-DO Investimento 98

Figura 60: Ciclo TDD 99

Figura 61: Lista TO-DO 100

Figura 62: Lista TO-DO 101

Figura 63: Lista TO-DO 102

Figura 64: Lista TO-DO 103

Capítulo 1
Preparando o Ambiente de Desenvolvimento

Este foi um dos últimos capítulos que escrevi. O motivo é que a dúvida era grande em saber se de fato fazia ou não sentido explicar como montar um ambiente de desenvolvimento. Uma vez que se você adquiriu este livro considero que já programa com *Java*. Mas por acaso, do nada veio uma leve lembrança de que quando comecei com *Java* eu usava só em um ambiente e tinha a curiosidade em saber como rodar minhas aplicações em um OS diferente do que eu tinha. E daí perguntei: *"será que algum dos meus leitores também não tem essa vontade que eu tive um dia?"* Sendo assim, vou adicionar isso ao livro e aproveito e explico como instalar os *plugins* que serão vistos durante o livro, que é o caso do *Eclemma* e *PMD tools*. Para adiantar fiz os tópicos bem diretos, para não perdermos muito tempo e irmos logo ao que nos interessa.

Instalando *Java* no *Windows*

Quem nunca se matou para instalar e configurar um ambiente de desenvolvimento *Java*? Todos, né?

O objetivo deste tópico é mostrar como instalar e configurar um ambiente *Java JDK* no *Windows*. Execute o executável *JDK*, porém tenha cuidado durante a instalação, pois ele vai indicar um diretório *default*, e não altere o *c:\arquivos de programas\java*.

Vamos agora configurar algumas variáveis para que o *Java* funcione corretamente. Faça o seguinte:

> 1. Clique com o botão direito em *Meu computador* ➜ *propriedades*.
>
> 2. Agora clique na guia *Avançado* e depois clique em *Variáveis de Ambiente*.

Bom, você pode criar as variáveis em dois locais: na de usuário ou na do ambiente. Criei na do ambiente .

Variáveis a serem criadas:

> *PATH*
> Valor da variável= *C:\Arquivos de programas\Java\jdk1.5.0_06\bin*
> (caso tenha instalado padrão);
>
> *JAVA_HOME*
> valor da variável= *C:\Arquivos de programas\Java*

A variável *classpath* não precisa ser configurada. Dê um clique em ok agora para confirmar as alterações feitas.

Abra o *prompt* de comando e digite *java – version* se aparecer uma mensagem informando a versão do *java* instalado.

Instalando *Java JDK* no *Ubuntu*

Vamos instalar o *Java* no *Ubuntu*. Escolhi uma versão um pouco antiga, assim, se você tiver uma versão mais recente, teoricamente não terá problema. É necessário que esteja conectado com a *Internet* para poder prosseguir. Antes de iniciarmos a instalação do *Java*, vamos verificar qual *JDK* está disponível. Por padrão, o *Ubuntu* instala o *JDK* no diretório */usr/lib/jvm*. Então digite o seguinte comando: *ls /usr/lib/jvm*, sua tela deve listar os *JDK* disponíveis.

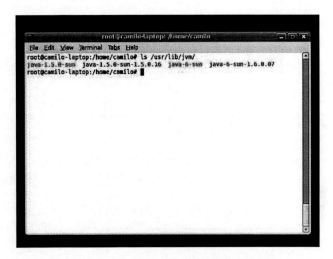

Figura 1: Listando diretório *JVM*

Se a sua distribuição não tem *JDK 6* disponível para instalação, basta digitar o seguinte comando e aguardar concluir atualização.

sudo apt-get update

Após atualização, ou se você já tinha o *JDK 6* disponível para instalação, vamos instalar o *JDK* no *Ubuntu*. Então digite o comando seguinte:

sudo apt-get install sun-java6-jdk

Se pedir senha, informe para poder prosseguir com a instalação. Essa é a senha do usuário que você está usando. Quando a instalação concluir, execute novamente o *Java-version* e certifique que sua tela está igual a *Ubuntu* 2 acima.

Agora precisamos configurar o arquivo */etc/jvm,* pois esse é responsável por dizer qual a ordem de pesquisa padrão *JVM*, onde vamos informar o último *JDK* instalado. Então digite *sudo gedit /etc/jvm* e deixe o arquivo como segue.

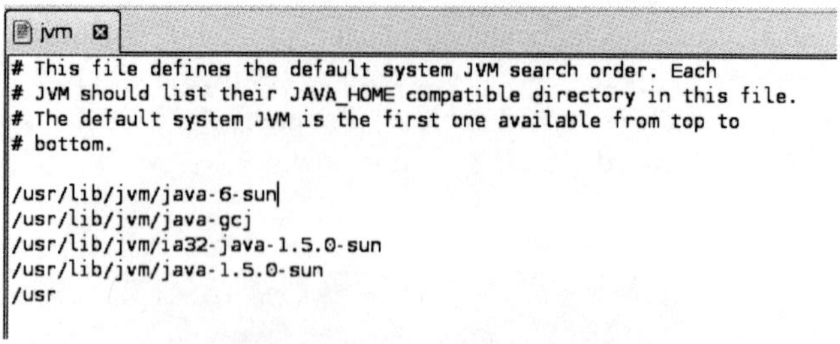

jvm
This file defines the default system JVM search order. Each
JVM should list their JAVA_HOME compatible directory in this file.
The default system JVM is the first one available from top to
bottom.
/usr/lib/jvm/java-6-sun
/usr/lib/jvm/java-gcj
/usr/lib/jvm/ia32-java-1.5.0-sun
/usr/lib/jvm/java-1.5.0-sun
/usr

Figura 2: Editando arquivo *jvm*

Configurando as Variáveis de Ambiente

Configurar as variáveis de ambiente é bem simples. Precisa abrir o arquivo */.bash_profile* dentro do diretório *HOME*. Antes disso vire *root*, então digite:

su<senha de root>

Então digite *sudo gedit$HOME/.bash_profile* e deixe esse arquivo conforme a imagem abaixo.

File Edit View Search Tools Documents Help
New Open Save Print... Undo Redo Cut
.bash_profile
export JAVA_HOME=/usr/lib/jvm/java-6-sun
export PATH=$PATH:$JAVA_HOME/bin

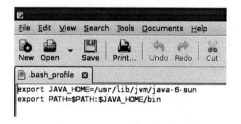

Figura 3: Editando *bash_profile*

Pronto, seu *Java* foi instalado e agora você já pode compilar suas classes *.java* e executá-las. Então, usando um editor de texto do *Ubuntu*, crie uma classe *Java* e salve em qualquer lugar e depois via terminal compile e execute. Veja:

```
camilo@camilo-laptop:~/Documents$ javac Ubuntu.java
camilo@camilo-laptop:~/Documents$ java Ubuntu
Java Unix
camilo@camilo-laptop:~/Documents$
```

Figura 4: Compilando e executando

```
public class Ubuntu{

public static void main(String args[]){

System.out.println("Java Unix");

}

}
```

Figura 5: Código *Java*

Instalando *OpenJDK*

Se você não quer o *JDK* pode usar o *OpenJDK*, não é obrigatório ter os dois instalados. A seguir teremos os passos de como instalar. Abra o terminal.

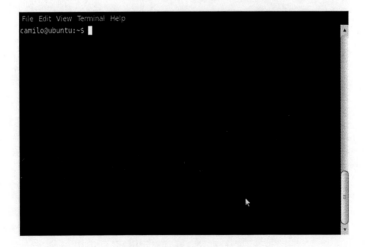

Figura 6: Terminal *Ubuntu*

Digite o comando abaixo para instalação do *OpenJDK* (você precisa usar o comando *sudo*).

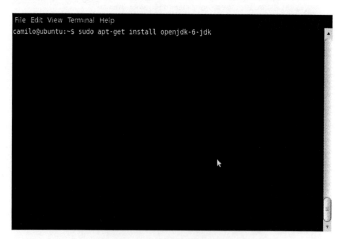

Figura 7: Instalando *openJdk*

Aperte a tecla *Enter* e responda com *yes* ou deixe em branco apertando *Enter* e aguarde a instalação.

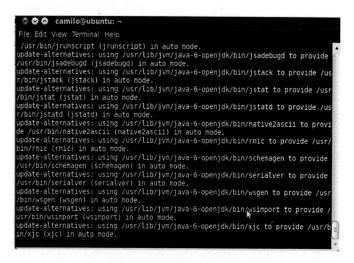

Figura 8: *OpenJdk* sendo instalando

Ao término vamos verificar o *Java* instalado digitando o comando *java -version*.

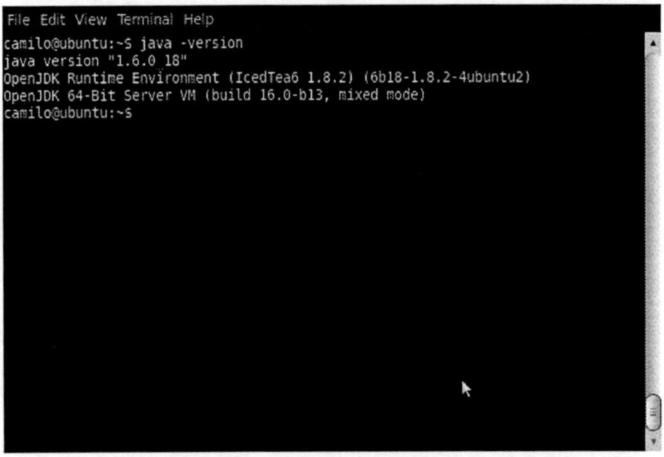

Capítulo 1 - Preparando o Ambiente de Desenvolvimento | 7

```
File Edit View Terminal Help
camilo@ubuntu:~$ java -version
java version "1.6.0_18"
OpenJDK Runtime Environment (IcedTea6 1.8.2) (6b18-1.8.2-4ubuntu2)
OpenJDK 64-Bit Server VM (build 16.0-b13, mixed mode)
camilo@ubuntu:~$
```

Figura 9: Verificando instalação do *openJdk*

Agora vamos fazer um *"Hello World"* somente para ter certeza que o *Java* está compilando nossos arquivos *.java*. Para isso, abra um editor de texto (pode ser o *VIM*, ou o *gedit*). Vou usar o *gedit* que está em *Applications* ==> *Acessories* ==> *gedit*. Abaixo segue meu código no *gedit:*

Figura 10: Usando o *gedit*

Feito isso, salve na pasta do usuário. Para saber onde está essa pasta, basta digitar *pwd*. Observe que a minha está em */home/meu_nome*, a sua deve ser semelhante com o seu nome.

8 | TDD na prática

Figura 11: Listando arquivos na pasta do usuário

Se você der o comando *ls*, veremos os arquivos que estão nesta pasta, e um deles é o *HelloOpenJDK.java* veja:

Figura 12: Compilando classe *Java*

Lembre-se que o *Linux* faz diferença entre maiúsculo e minúsculo, então ao dar o *auto-complete* para o arquivo tenha certeza que digitou a primeira letra conforme foi salvo.

Se listar verá *o.class:s:*

Figura 13: Verificando se o *.class* foi gerado

Executando agora:

Figura 14: Executando aplicação *Java*

Pronto! Assim temos o *Java OpenJDK* instalado na máquina em um ambiente *Ubuntu/Linux*.

Espero que tenham gostado.

Instalando *Plugin* no *Eclipse*

Neste tópico vou mostrar como instalar *plugin* no *Eclipse IDE*. Apesar de ser algo muito fácil de ser feito, quando eu era iniciante tive essa dúvida e usei o *Google* para saber como fazer. E talvez você até hoje não tenha precisado instalar um *plugin* no *Eclipse*, mas certamente amanhã vai precisar, então quem sabe este tópico ajude? Aliás, se quiser usar as ferramentas que iremos mostrar a seguir, terá que saber como instalar um *plugin* no *Eclipse*, uma vez que elas não vêm como *default*.

Eclemma

O *Eclemma* é um *plugin* que permite saber o nível de cobertura em nosso código, ou seja, qual o percentual de código coberto por *unit test*. É essa pergunta que o *Eclemma* responde. Claro que 100% de cobertura não quer dizer que você tem um código "blindado", o que vale é o que os seus *unit test* estão fazendo. Há outros *plugin*s no mercado, o *Eclemma* é bem usado por ser *open source* e bem fácil de usar.

No site *http://www.eclemma.org* há algumas dicas de *user guide* bem legais.

Para adicionar o *plugin* no seu *Eclipse* é muito simples:

> 1. Vá em *Help* ➜ *Install new Software*.

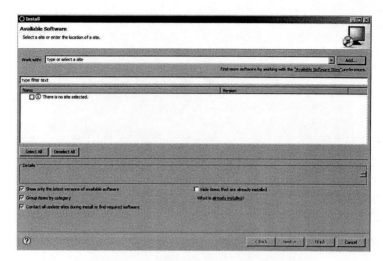

Figura 15: Instalando um *plugin* no *Eclipse*

2. Clique em *add* e em *location* digite: **http://update.eclemma.org/** em *name* coloque o que você achar melhor. Eu gosto de colocar o nome do *plugin*.

Figura 16: Informando o repositório do *plugin*

3. Clique em OK. E em seguida *next* até o *finish*.

Rodando o *Eclemma*

Uma vez que tenha instalado o *plugin*, para rodar é muito simples. Antes disso você vai ver que há um novo ícone no seu *Eclipse*, veja:

Figura 17: Botão do *Eclemma* adicionado ao *Eclipse*

Para rodar e ver a cobertura é muito simples, basta clicar com o botão direito na classe de teste e escolher a opção *Coverage as* ➔ *Junit test*.

Figura 18: Rodando *Unit Test* com *Eclemma*

O resultado é exibido na *perspective coverage:*

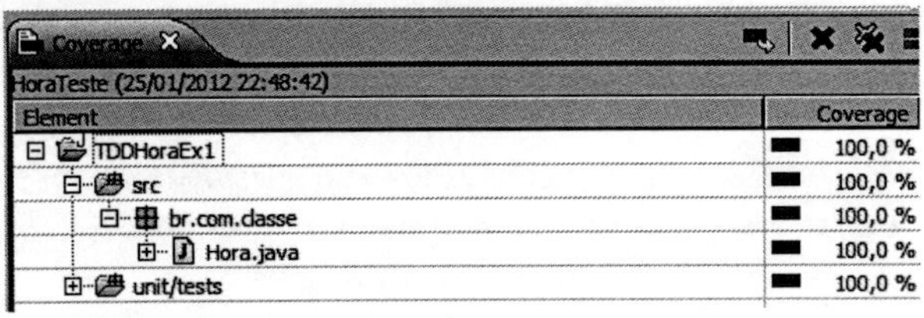

Element	Coverage
TDDHoraEx1	100,0 %
src	100,0 %
br.com.classe	100,0 %
Hora.java	100,0 %
unit/tests	100,0 %

Figura 19: Resultado da cobertura

Nesse caso atingimos 100% de cobertura na classe Hora. De novo, precisamos ver o quanto esse 100% é eficiente para o que queremos testar.

PMD Tools

Sempre busquei uma ferramenta que fosse de fácil instalação, simples de usar e com resultados claros. Antes de conhecer a *PMD tools* passei por outras ferramentas *open source* que não ajudaram tanto quanto eu esperava. *PMD Tools* é uma ferramenta que possibilita fazer uma analise, identificando:

- Código duplicado;
- Possíveis *bugs*: *empty try/catch/finally/switch;*
- Expressões complicadas;
- Falta de legibilidade;
- Nomes de variáveis fora do padrão *JavaBeans*;
- etc.

Além disso, a ferramenta possibilita criar regras de desenvolvimento. É isso mesmo. Você, junto com seu time, pode adotar algumas boas práticas internas do projeto e implementar isso via *PMD Tools* e buscar manter um padrão de desenvolvimento do código. Claro que sempre é bom seguir as boas práticas já existentes no mercado (não queira reinventar a roda). Aqui, algumas coisas que você pode fazer:

- Limitar o número de métodos por classe;
- Limitar o tamanho do nome de uma variável;

12 | TDD na prática

- Limitar o número de *imports* por classe;
- Definir o nível de prioridade das regras.

Se a regra é essencial e nunca deve ser violada, então ela deve ser incluída no arquivo de configuração e as violações irão para as mensagens *"warning"*. Os desenvolvedores cuidarão para que nunca exista nenhuma mensagem de *warning* no projeto. As violações menos prioritárias são exibidas separadamente como *"info"* (informativo) na aba de problemas do *Eclipse*. Com isso, podemos definir para a equipe de desenvolvimento a diretriz de *"zero warnings"* no projeto.

Você pode usar *PMD* em qualquer uma das *IDEs* a seguir: *JDeveloper, Eclipse, JEdit, JBuilder, BlueJ, CodeGuide, NetBeans/Sun Java Studio Enterprise/Creator, IntelliJ IDEA, TextPad, Maven, Ant, Gel, JCreator, and Emacs*.

Como você já sabe, usaremos o *Eclipse* como *IDE* e a seguir, apresento como instalar *PMD tools*. Caso você queira usar em outra *IDE* a ferramenta que fornece suporte, recomendo acessar a página *http://pmd.sourceforge.net/* e consultar *Installation*. A seguir os passos de como instalar no *Eclipse*:

1. Vá no menu *Help* ➔ *Install new Software*

Figura 20: Instalando *plugin* no *Eclipse*

Capítulo 1 - Preparando o Ambiente de Desenvolvimento | 13

2. Clique em *add*

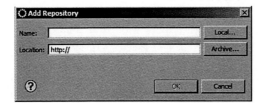

Figura 21: Informando o repositorio

3. Em *name* coloque o nome da ferramenta e em *location* digite: *http://pmd.sourceforge.net/eclipse*

4. Clique em OK.

5. Na tela:

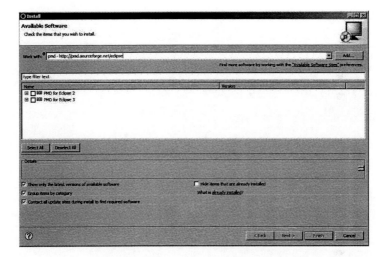

Figura 22: Escolhendo a versão *PMD*

6. Marque a opção *PMD for Eclipse 3* (se você instalou as versões mais recentes normalmente terá com uma versão 3.x do *Eclipse*).

7. Clique em *next* e aceite o contrato. Depois *next* até o *finish* e aguarde a instalação completar.

No final da instalação, normalmente o *Eclipse* vai pedir para que você reinicie - *restart* - a *IDE*. Então faça isso e, ao abrir novamente, vá até *perspective* e encontrará a opção *PMD*.

Não se preocupe em como usar a ferramenta agora, lá na frente a veremos em ação. Mas nada proíbe de você querer brincar por livre e espontânea vontade .

Tem um *link* legal no site do *PMD tools* com alguns projetos onde a ferramenta foi executada e o resultado obtido, veja: *http://pmd.sourceforge.net/scoreboard.html*.

Conclusão

Finalizamos o primeiro capítulo, que é opcional, já que tratamos apenas de instalação e configuração de ambiente *Java* e conhecemos como instalar o *plugin PMD Tools* que veremos como usar no capítulo de Refatoração.

Capítulo 2
Um Pouco sobre o Mundo *Agile*

Neste capítulo veremos um pouco sobre *Agile*, o que é Manifesto 2.0 e não poderíamos deixar de falar sobre *Scrum*. Um detalhe importante é que vou abordar de modo alto nível o mundo *Agile* e *Scrum*, pois o objetivo deste capítulo é que você tenha uma idéia sobre o mundo *Agile*. No tópico de *Scrum* veremos os pontos que considerei importantes, até porque o *Scrum* vai muito mais além do que veremos aqui. Mas a base que você precisa ter será vista aqui, pois amanhã alguém na esquina pode perguntar: O que é *Scrum*? Como funciona? Então você terá que ser capaz de dar uma resposta rápida e inteligente. Caso a pessoa se interesse, terá que adquirir um livro mais detalhado sobre o assunto e é algo que não falta no mercado. No final do capítulo veremos algumas ferramentas *Agile* que podem auxiliar no seu projeto. Mas você pode estar se perguntando: "por que eu devo saber disso no livro de *TDD*?". Bem, diretamente não há relação, ou seja, você não precisa aprender *Scrum* para usar *TDD*, porém se você pretende se tornar um "Agilista", aquele cara que usa e advoga metodologias ágeis, *TDD* é uma pequena fatia do bolo que você terá que saber, como *Scrum* é outra fatia e assim sucessivamente.

O Manifesto Ágil

Se você pretende trabalhar com metodologias ágeis é preciso, antes de mais nada, conhecer como tudo começou. Nesse pequeno tópico tentarei explicar o famoso Manifesto Ágil. Caso você seja novato no mundo ágil, recomendo a leitura do tópico, caso já conheça a história, pode pular.

Tudo começou em 2001 (não o uso de metodologias ágeis) quando 17 grandes pensadores do desenvolvimento de *software* se reuniram numa estação de esqui nos Estados Unidos com o objetivo de que cada um explicasse a maneira como eles desenvolviam os projetos de *software* deles. Pensadores como *Martin Fowler, Kent*

Schwaber, Kent Beck, Ward Cunningham, Jon Kern, entre outros, faziam parte dessa comitiva (esses nomes não devem ser estranhos para você ou pelo menos a metade deles. Se for é sinal que você precisa estudar um pouco mais).

O objetivo maior de fato, nesse encontro de mestres, era poder oferecer ao mundo uma alternativa às metodologias pesadas e altamente dirigidas por documentação que ainda estão em uso até hoje. Por exemplo, o *Kent Schwaber* apresentou um conjunto de práticas extremamente voltado para o gerenciamento de projetos de *software* altamente focada em objetivos. Muitos dos pensadores eram até de empresas concorrentes entre si, mas naquele momento eles concordaram em um conjunto de valores ágeis que resume todas as diferentes metodologias apresentadas. E esse consenso gerou os valores do Manifesto Ágil, a seguir:

> 1. Pessoas e interações são mais importantes que processos e ferramentas;
> 2. *Software* funcionando é mais importante que uma documentação extensa;
> 3. O relacionamento com o cliente é mais importante que a negociação do contrato;
> 4. Responder às mudanças é mais importante que seguir o planejamento.

Esse conjunto de valores já gerou várias polêmicas em fóruns, comunidades, eventos, etc. O motivo é que alguns são interpretados de forma equivocada, como por exemplo, o de número 1. Isso não quer dizer que não teremos processos e que não usaremos ferramenta, porém, ter um time interagindo é mais importante que ficar preso a um processo ou aquela ferramenta "milionária" que a empresa adquiriu como a "bala de prata" (que não existe). Mas às vezes é visto assim: "não vamos usar processos, nem ferramentas e sim manter as pessoas interagindo". Não isso é isso que dizem os valores, o problema está na interpretação e isso vira uma bola de neve que pode se tornar uma avalanche. O mesmo fica para os demais valores. Para o ponto 2 vou lançar uma pergunta: O que é mais importante para o cliente: *software* funcionando ou ter uma documentação extensa que diz tudo do *software*? A resposta é óbvia. Eu, como cliente, quero *software* funcionando e não um documento extenso, mas isso não quer dizer que não vamos documentar no mundo ágil. Vamos sim. Porém a prioridade e foco é ter o *software* funcionando antes de passar horas e horas só documentando detalhe por detalhe. Não é isso que o cliente está comprando de fato e certamente ele não cobrará você por isso no final de tudo.

Scrum o que você precisa saber

É isso mesmo, neste tópico veremos apenas o que você precisa saber sobre *Scrum* e possa construir uma cultura *Agile* de modo amplo e não apenas focado em usar *TDD*. Esse é um dos meus desafios neste livro: que no final você tenha adquirido a alto nível o que é *Scrum* e possa se sentir mais confortável em falar do assunto de maneira direta e objetiva. Falo isso, pois no início como Agilista eu tinha um problema: conseguia desenvolver com *TDD* (após ter sofrido muito), porém não tinha uma boa construção do mundo *Agile* em mente e às vezes me sentia desconfortável em discutir o assunto fora de *TDD*. Claro que *Scrum* é uma das opções que temos no mundo *Agile*. Eu escolhi falar apenas do *Scrum*, pois no momento que este livro é escrito, o *Scrum* tem sido um dos *frameworks* mais usados para gerenciamento de projetos de *software* e o que eu tenho tido contato recentemente.

Mas o que é *Scrum*?

Scrum não é uma metodologia, e sim um *framework*, pois não vai te dizer exatamente o que fazer. Podemos dizer que *Scrum* só mostra, mas não resolve os problemas ao contrário de uma metodologia que te diz exatamente o que fazer, concorda? No *Scrum* temos algo que é superimportante: o coração do *framework*, ou seja, sem ele não temos *Scrum*. É o tal de *Product Backlog*. O *Product Backlog* é o coração do *Scrum*, pois é onde tudo começa, onde temos uma lista de requisitos, histórias, coisas que o cliente deseja. Lá, de fato temos o que o cliente quer que seja implementado e que no final de tudo esteja disponível no sistema.

Scrum nos mostra o seguinte:

- Pessoal não qualificado;
- Arquitetura fraca;
- Falta de fluidez no ciclo de desenvolvimento;
- Equipe desmotivada;
- Baixa produtividade;
- Problemas de comunicação;
- Falta de trabalho em equipe.

Os valores do *Scrum*:

- Transparência;
- Inspeção: verificar se está tudo ocorrendo como esperado (há um gráfico chamado *burndown chart* que dá essa informação);
- Adaptação;

18 | TDD na prática

Pontos chaves do *Scrum*

A seguir temos os pontos chaves que o *Scrum* gera para uma equipe e que você precisa saber para não ter um susto quando estiver participando de um projeto que roda *Scrum* pela primeira vez:

- Desconforto;
- Autonomia;
- Transcendência (ir além);
- Interfertilização;
- Aprendizado (terá que acostumar com isso. Em projetos Ágeis, você vai estar sempre aprendendo);
- Auto-organização (é dar um objetivo para equipe e deixar ela se organizar);

Os papéis no *Scrum*

Em um projeto que usa *Scrum*, temos três papéis importantes:

- *Product Owner*: a pessoa que é responsável pelo produto e diz o que ele quer com base em nível de importância para o negócio (não precisa ser o presidente da empresa, certo? Porém, uma pessoa que entenda bem do produto a ser entregue, ou seja, do negócio);

- *Scrum Master*: é responsável por remover todas as barreiras que o time está enfrentando para concluir as tarefas;

- Time: é a equipe que fará todo o trabalho do *product backlog* do cliente. Claro que não todos de uma vez, mas no dia do *release,* tudo que tínhamos no *backlog* foi consumido por esta equipe, que inclui arquiteto, desenvolvedores, testadores, engenheiros de *software* etc.

Diferença entre Time e Equipe

Para evitar confusões, há uma leve diferença entre time e a equipe. O time, quando falamos no *Scrum*, normalmente estamos dizendo que é o pessoal técnico, já a equipe é todo mundo, incluindo o *product owner,* pois ele faz parte da equipe também, já que quem guia o que tem que ser feito primeiro ou por último é ele e não o time. Percebeu a diferença?

O que temos no *Scrum*?

Isso é algo que você precisa saber: o que temos no *Scrum,* ou seja, a estrutura do *framework.*

> ▪ *Product Backlog*: como já dito, é preciso que você termine este capítulo sabendo disso, é onde temos o trabalho a ser feito e esse trabalho é do *product owner.*

> ▪ *Sprint Backlog:*aqui é onde incluímos as atividades para a *Sprint* Corrente.

> ▪ *Burndown chart:* é um gráfico que indica a saúde de como anda o *Sprint,* ou seja, da para saber se vamos conseguir entregar tudo que temos dentro do tempo restante? O *Burndown* responde esse tipo de pergunta, por exemplo.

Homem-dias disponíveis no *Scrum*

É simplesmente a disponibilidade que o membro da equipe vai ter para o projeto, uma vez que as pessoas possuem folgas para serem compensadas. Às vezes pode estar temporariamente atuando em dois projetos e é cedido por apenas algumas horas por dia. Isso é bem comum; não é o ideal, mas é a realidade. Um exemplo básico:

Membro	Dias disponíveis
Camilo Lopes	20
Edson Gonçalves	10
Ellis Ribeiro	20

Tabela1: Cálculo homem-dias disponível no *Sprint*

No exemplo acima temos 50 homem-dias disponíveis para esse *Sprint* X, levando em conta que seria uma *Sprint* de 20 dias. Então quer dizer que posso colocar no *Sprint Backlog*, hisstórias de até 50 pontos? Não. Para acharmos a quantidade de histórias vamos fazer o cálculo de velocidade estimada do *Sprint* (o cálculo visto anteriormente):

$50 * 50\% = 25$ pontos

Nosso *Sprint* não pode ultrapassar 25 pontos.

De onde veio esse 50% do fator foco?

De algo chamado instinto. Pois é, temos que ir pelo instinto, experiência e conhecimento do nosso ambiente de trabalho, se sabemos que a nossa equipe vai ser interrompida com certa frequência por questões normais da empresa, como participar de outras reuniões de metas da empresa, ou reunião de treinamentos internos etc. Tudo isso tem um impacto no fator foco, e quando diminuímos estamos dizendo exatamente isso, que esperamos que a equipe receba interferências. Alguns *ScrumMaster* definem 70% para o fator foco, mas é como falei, depende muito do dia-a-dia na empresa. Algumas vezes eu já tive que passar uma manhã toda em reunião que não estava ligada diretamente ao projeto, e sim às estratégias da empresa, RH etc. E isso certamente vai afetar o fator foco. Uma confusão comum é as pessoas acharem que fator foco está relacionado às pessoas não estarem focadas nas atividades ou no projeto. Não é isso, o fator foco é tempo de exclusividade ao projeto. Seria ideal ficarmos 100%, ou seja, sem outras reuniões da empresa, sem o cafezinho, sem ler *e-mails,* etc, mas não é realidade e também não queremos isso, para o bem estar da equipe, o cafezinho e o capuccino são sagrados. A seguir veremos como escrever as *User Stories.*

Escrevendo *User Story*

Venho citando as *user stories* em várias partes deste capítulo, mas ainda não tinha abordado o assunto. Deixei para agora, não por que é menos importante, e sim por ter considerado um momento melhor para escrever sobre o assunto. Mas o que é *User Story*?

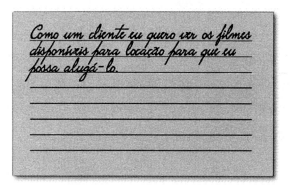

Figura 23: Escrevendo *User Story*

Uma *user story* é algo que o *Product Owner* escreve dizendo o que ele quer e o grau de importância para aquilo. Também tem o critério de aceitação daquela história, ou seja, para que ela seja aceita deve está acontecendo isso. Por exemplo:

História: cadastramento de cliente
Critério de aceitação: o cliente deve estar sendo salvo no banco de dados
Grau de importância: 8

O que eu faço com o cartão de *User Story*?
Discute com o PO durante a reunião de planejamento sobre a história caso tenha ficado com dúvidas. Uma vez entendido, coloque-a no *backlog*.

Meu *Product Owner* não sabe escrever *User Story*, o que eu faço?
Oh! Que pena, o *ScrumMaster* deveria tê-lo ensinado. É boa prática ensinar o *Product Owner* a escrever as *User Story*. Mas quando ele não sabe, cabe ao *ScrumMaster* ensiná-lo a escrever, e nesse caso todos da equipe também participam na construção durante a reunião de planejamento. Porém deve ter cuidado porque na *User Story* não tem o COMO será feito e sim o que o usuário deseja que tenha no sistema. Equipe técnica demais pode querer trazer isso para a discussão, é normal, mas o *ScrumMaster* deve estar atento e remover essa barreira durante a reunião, pois pode confundir o *Product Owner* e deixar a reunião menos produtiva.

Ferramenta *Scrum*

Uma pergunta muito comum: *Qual ferramenta usar com Scrum?* Você vai encontrar várias respostas. Há agilistas que preferem usar uma planilha, outros usam a idéia do *KanBan* ou um *software*. O *framework Scrum* não diz o que devemos usar, o mais importante é sabermos se estamos rodando o *framework* corretamente e não devemos estar presos a ferramentas. Eu já pude experimentar um pouco de tudo. A primeira foi sem uso de nenhuma ferramenta, apenas os *post-its* e o quadro branco. Foi uma experiência legal, mas tornou-se complicado quando membros do time estavam em localidades diferentes. Com planilha eu venho experimentando. É bom termos uma planilha bem automatizada onde inserimos alguns dados importantes e obtemos vários resultados necessários importantes. Por exemplo: calcular o número de pontos em um *Sprint* com base na velocidade do time no resultado do último *Sprint* (caso seja o primeiro *Sprint,* usar o fator foco). Enfim, ter uma planilha "burra" não ajuda muito. É importante gastar algum tempo automatizando esse tipo de dados do que ter uma planilha onde serão jogadas apenas informações. Claro que isso não é válido apenas para projetos de *software*. Eu particularmente uso a idéia de *Scrum* + planilha para controlar minhas metas de carreira. E um *Software*? Eu vejo tantos na *internet*. Qual o melhor?

22 | TDD na prática

Em minha opinião não existe melhor e sim o que se adequa melhor ao projeto e à sua equipe. Porém, há duas ferramentas que gostaria de destacar: uma é *open source* e da outra há uma versão grátis para uso com algumas limitações. São elas:

IceScrum

É muito boa, principalmente para times distribuídos. Em minha opinião foi uma das mais completas que já pude testar:

- Diversos tipos de gráfico (*burndown, velocity*);
- É na plataforma *web*;
- Configuração simples, fácil e rápida;
- Simula contexto *KanBan* com o "quadro-branco";
- *Post-its* para as *task*;
- É *open source;*
- Permite o *Product Owner* trabalhar junto mesmo remoto. Exemplo: As histórias só vão para o *Spring Backlog* quando aprovadas;
- Comentários e discussões podem ser feitas por outros membros;
- A documentação precisa melhorar, tem poucas informações.

Enfim, achei que a ferramenta provoca mais interação com os membros de forma fácil e eficiente. Há uma versão demo que pode ser usada no site *www.icescrum.org* antes da instalação.

ScrumWorks

Trabalhei com esta ferramenta em um projeto. É até interessante, mas eu achei a versão *free* com muitas limitações. Eis o que pude identificar sobre a ferramenta:

- É rápida e de fácil instalação;
- Gera gráfico *burndown* (só vi uma opção de gráfico);
- Quando tem muitos projetos usando, a separação de cada um é por abas e fica ruim de navegar;
- Há uma versão *web*, para o cliente acompanhar, mas a versão *desktop é* que é a de desenvolvimento.

Não sei muito sobre a versão *PRO*, mas não me senti confortável em usar o *ScrumWorks* na versão *free*. A ferramenta pode ser encontrada em: *http://www.collab.net/products/ scrumworks/.*

Certificações *Scrum Alliance*

O mundo *Agile* também possui certificações como temos em *Java*, .*NET, PHP, Spring* etc. Porém essas certificações são diferentes das que estamos acostumados a ver no mundo técnico. Para começar, são extremamente criticadas por alguns profissionais de TI, mas eu acredito que tudo depende do modo de como você vê as coisas. Certamente um profissional muito técnico e que não está envolvido ou não entende exatamente como as coisas acontecem no mundo dos negócios, vai achar as certificações inválidas. Porém, o objetivo deste tópico é apresentar as certificações existentes pela *Scrum Alliance* e a minha experiência com a certificação *CSM* (*Certified ScrumMaster*). A seguir temos o *path* das certificações *Scrum Alliance*:

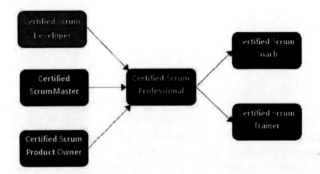

Figura 24: Certificações *Scrum Alliance*

Observe que ela é bem dividida: *Scrum Basis, Scrum Advance* e as mais especialistas.

Scrum Basis

Aqui temos duas certificações: uma para o *ScrumMaster* (*CSM*) e outra para o *Product Owner* (*CSPO*). Na verdade essas certificações são baseadas em cursos com uma carga horária X e, depois do treinamento (alguns dias), você recebe um *e-mail* com os dados para responder a um questionário referente à certificação. As perguntas são voltadas ao conteúdo visto durante o treinamento.

Scrum Advance

Possui uma certificação para desenvolvedores que parece ser bem interessante. No final, é requerido ter o *software* funcionando e ter usado práticas *Agile*.

Certified Scrum Professional

Olhando o *path* das certificações, todas nos levam a tornar-se um *Certified Scrum Professional*. Essa aqui possui requisitos que acabam filtrando, pois você pode ter tirado as certificações anteriores e não estar mais atuando em projetos ágeis e gostaria de obter essa certificação só para impressionar ou algo parecido. Para evitar isso é preciso atender a alguns requisitos. Veja quais são eles:

> ▪ Deve ter no mínimo 2000 horas em projetos ou trabalhos relacionado com *Scrum* nos últimos 2 anos;

> ▪ Deve ser um *CSM* OU *CSPO*.

E outro detalhe, ela expira em 2 anos, ou seja, terá que ser renovada.

Seguindo uma linha com *Scrum*

Há outras duas certificações que considero superimportantes: a de *Certified Scrum Trainer (CST)* e *Certified Scrum Coach*. A primeira é focada em treinamentos oficiais *Scrum*, ou seja, você pode ministrar cursos pela *Scrum Alliance* e pode emitir certificados oficiais para os alunos. Claro que a *Scrum Alliance* é quem fiscaliza a sua atuação, mas é uma boa para quem tem interesse na área. A segunda é para quem quer estar mais dentro das empresas, ajudando a vir para o mundo *Agile* ou melhorar as práticas ágeis que elas já possuem. Se você gosta de atuar como *coach* é uma boa certificação. O processo para *CST* é que eles aplicarão um teste voltado para certificação. Precisa comprovar experiência em treinamento e ter pelo menos 5 referências de outros *CSTs* (olha a importância do *Networking*!). Depois há uma revisão por um comitê e, para finalizar, uma entrevista presencial. Já para se tornar um *CSC* é preciso ter um profundo conhecimento tanto teórico quanto prático com *Scrum*. Ela vale por três anos e você precisa pagar anualmente uma taxa de U$750.

No Brasil não vejo muita demanda no mercado por profissionais certificados, mas isso não acontece apenas com as certificações da *Scrum Alliance*. Aqui as empresas ainda têm resistência ou não entendem o objetivo das certificações e a importância delas. Fora do país as coisas são diferentes. As certificações são mais valorizadas e, na maioria das vezes, são o seu cartão de visitas, sem falar que sua remuneração é mais compensadora. Países que já exigem certificação como *CSM* e *CSC* são: Canadá, Austrália e Nova Zelândia. A seguir vamos conhecer a *CSM* e como foi a minha experiência.

Minha Experiência com *Certified Scrum Master*

Como falei no inicio, resolvi contar um pouco como foi a minha primeira experiência com uma das certificações da *Scrum Alliance*. O objetivo maior aqui é de fato mostrar como as coisas acontecem e que, a depender da forma que você vê, pode considerar um investimento ou um custo desnecessário na sua carreira. Tudo depende dos objetivos que você tem para médio e longo prazo.

Figura 25: *Certified Scrum Master*

Como funciona?

Ser *CSM* não é muito difícil, basta fazer um curso por um *CST* e no final responder média de 36 questões enviadas pela *Scrum Alliance*. E assim você se torna um *Certified Scrum Master*.

E para que serve?

Apesar de ser criticada por profissionais de TI, há algo importante que é preciso analisar antes de criticar. Há dois fatos importantes:

> 1. Se você já tem um bom nome no mercado onde você é o valor da sua empresa em si, não vai precisar de certificação nenhuma. Exemplo? Pessoas como Eike Batista, Bill Gates, Linus Torvalds. Esses caras, por exemplo, podem abrir uma empresa amanhã que já começa com um valor X somente porque eles são os dirigentes e seus clientes não querem saber se a empresa tem profissionais certificados YHY, pois a confiança é depositada toda neles e quem faz isso conhece o perfil de cada um deles, sabe o nível de qualidade e não precisa de nenhum órgão para testar isso, pois eles por si só são a garantia.

2. Agora o contexto dois, onde está a maioria, que somos nós, pobres mortais. Aquele profissional que não tem esse valor todo no mercado (como Steve Jobs) e de qualquer forma, para vender um produto para o cliente, vai precisar que algum órgão mais abrangente que tem respeito no mercado diga: "esse cara tem os conhecimentos mínimos, nós o certificamos". E aí você precisa mostrar o seu certificado, para ganhar alguns tipos de clientes. Para isso existem certificações, para aproximar novos clientes incertos do seu serviço. Isso é a realidade do mercado, seja aqui no Brasil ou lá fora, com algumas particularidades de cada país, mas basicamente semelhantes.

Em resumo, se amanhã você pretende atuar como um consultor *Agile* (*CSC*), ter as certificações pode ajudar naqueles seus primeiros clientes (e talvez os melhores tanto com projetos desafiantes quanto a parte $$$), caso você não tenha um mercado já consolidado com seu nome impresso.

A diferença

Ao sair do curso, por que você não é *ScrumMaster*? (Você terá um certificado de um curso de *Scrum Master*) Simples. Você não compra liderança, motivação de equipe etc. Você desenvolve essas habilidades e são os pontos chave para atuar como um *ScrumMaster*. Pouco importa se você é o cara de *Java*, *.NET*, mas se não sabe lidar com equipe, remover as barreiras, ter um bom relacionamento, você está perdido. Agora vem a sensação de outras certificações como *Java*, algumas do *PMI*, que ao terminar você olha e diz: "poxa, estudei isso, aquilo, agora eu sei exatamente como fazer X. Já sei usar *generics* e entendi *threads* ou aprendi como calcular custo do projeto com menos erros, depois da prova *PMI* xxx".

Quem for fazer certificação *Agile* deve esquecer qualquer uma dessas sensações, Ao contrário, você sai de lá com mais dúvidas, confusão mental. No inicio achei meio estranho, porém ao passar um ou dois dias achei que isso é um ponto chave, pois fiquei motivado a ir buscar resolver aquelas confusões que estavam na mente, tinha que remover aquela barreira, e para isso tinha que estudar mais, aumentar o faturamento da *amazon.com* etc, algo que não acontece quando fazemos as certificações tradicionais. Após ter passado, temos a falsa segurança que dominamos o assunto e nem abrimos mais o livro de estudo, e daí começamos outra jornada. Em curto tempo começa o esquecimento, caso não use com frequência.

O treinamento

São dois dias de treinamento, onde são abordados os pontos chave de *Scrum*, desde conceitos teóricos, práticos e *cases*. Há muita discussão e aprendizado nesses dois dias. Não é um curso comum, o aprendizado é grande e muito valioso. Sabe por quê? Vou responder a seguir.

A sacada da *Scrum Alliance*

É fácil criticar quando não conhecemos, mas a *Scrum Alliance* fez algo que achei interessante. Ser um *CST* não é para qualquer um, ou seja, só quem teve e tem vivência prática no *Agile* pode ser um *CST* (como vimos mais cedo) e isso garante que o conteúdo do curso será com um profissional que tem conhecimento e experiência de fato (teve muito conflitos para resolver na carreira dele). E isso enriquece todo o curso (nenhum *CST* é puro acadêmico, é obrigado ter tido experiência) de uma forma que é difícil descrever. Quantos criticam que na maioria das faculdades temos professores "doutores", porém que nunca tiveram experiência profissional, o curso só fica no meio acadêmico e ao chegar ao mercado a coisa é bem diferente? No treinamento da *Scrum Alliance* isso não há como acontecer isso.

Ao sair do curso

Bem, ao sair do curso não da para ter a síndrome do estudante, de achar que "eu sou o *ScrumMaster*". Talvez os menos experientes profissionalmente possam sair com essa síndrome. A certificação não prova que você tem todo *skill* de *ScrumMaster* (*SM*) expert. Porém, é esperado que o aluno tenha o conhecimento suficiente para rodar uma *Scrum*, mas isso não quer dizer que ele vai conseguir rodar bem ou a melhor *Scrum* do mundo. No curso você percebe se é aquilo que de fato deseja para você. O *framework Scrum* deixa transparente o papel que um *SM* vai viver no dia-a-dia sem maquiagem.

Compensa?

Essa é a pergunta que muitos fazem. Bom, responderia dizendo que sim. É um bom curso, com aprendizado diferenciado, como eu disse, baseado em experiência e *case*, e não só formado por conteúdo teórico. É como o meu *CST* (*Michel Goldenberg*) disse: *"se fosse teórico e explicar o que já tem no wikipedia, ninguém precisava estar aqui, pois tem tudo isso de graça"*.

Valor do investimento: R$ 1950.00.

É isso que você vai ter que investir. Não posso dizer que é um valor fácil. A única coisa que invisto sem estar muito preocupado é no conhecimento, então nunca vejo um investimento em conhecimento como perdido. Mesmo se um dia fizer um curso que for ruim, eu vou conseguir aprender algo com ele, mesmo do negativo sempre dá para tirar algo de positivo para o seu aprendizado, mesmo que não seja no conteúdo do curso.

Nota: Não se esqueça de adicionar os custos extras que você vai ter, como deslocamento para o curso e almoço. No meu caso tive que sair de Porto Alegre e ir até São Paulo, então o investimento foi um pouco maior. A dica é: se rolar um treinamento oficial na sua cidade e você já tinha vontade de fazer, então aproveite, isso ajuda a diminuir os custos.

Como o mercado vê essa certificação?

Da mesma forma que ele vê as demais. Talvez as da *Scrum Alliance* ainda pior, porque um dos problemas que ainda existe em quem analisa certificações: saber interpretar e conhecer como é o curso e como ele qualifica o aluno certificado. Mas infelizmente esse olhar mais rico é para poucos profissionais ou empresas. A maioria olha apenas para uma "folha de papel".

Na minha opinião

Foi um curso muito produtivo, conheci pessoas diferentes. O *Michael* é de fato um cara muito experiente (provando os requerimentos da *Scrum Alliance*) e com uma boa didática. Ele fez o que poucos fazem, ensina o porquê das coisas. Como eu não sou muito preso a esses "papeis de parede", faria o curso mesmo sem certificado. Não estou muito preocupado com ele, exceto se eu precisasse vender para um cliente que gosta de ver esses títulos, *in English* de preferência.

Conclusão

Este capítulo teve o objetivo dar uma visão geral sobre o *framework Scrum*. Claro que é um assunto não ligado diretamente a *TDD*, mas ao mundo *Agile*. Para finalizar conhecemos as certificações da *Scrum Alliance*. Espero que você tenha gostado e compreendido um pouco sobre *Scrum*.

Capítulo 3
Refatoração

Normalmente todo desenvolvedor já deve ter ouvido alguém falar em *refactoring* (refatoração). Eu ouvi o termo pela primeira vez em 2007 em uma conversa com meu amigo Alberto Leal. Graças a ele comecei a pensar em dar os primeiros passos no mundo *Agile* (sem saber), já que *refactoring* foi uma das primeiras técnicas que li. E o mais interessante: com *refactoring,* quanto mais nos envolvemos, mais descobrimos que não sabemos muito. Enfim, é um processo contínuo de aprendizado. O meu primeiro contato foi acadêmico, que resultou no meu TCC/ Monografia (um ano de pesquisa e trabalho, lembro o quanto sofri), mas sem experiência prática, pois *refactoring* é algo abstrato, não tem receita de bolo, tudo depende do conceito, do quanto você conhece de orientação a objetos de *Design Pattern,* enfim, é necessário conhecimento para entender *refactoring* e ter bom senso em nome de variáveis, métodos, complexidade dos *ifs* encadeados, comentários servindo de documentação etc. E você pode perguntar: "Camilo, você sabe tudo de *refactoring*?" Claro que não. Há técnicas de *refactoring* que nunca usei e nem sei como usar. O motivo? Porque nunca passei por um contexto onde identifiquei: "Esse contexto se resolve com essa técnica". *Martin Fowler,* como um desenvolvedor (apesar dele ser o cientista chefe da *ThoughtWorks*, faz questão de falar que é desenvolvedor.) mais experiente, já teve o prazer de passar por situações que ainda não passei. E por falar nele, é sempre comum ver alguns artigos dele onde ele menciona que desenvolve *software* há mais de 10 anos e até hoje não "aprendeu" *refactoring*, porque toda vez que escreve o código dele pela primeira vez, nunca sai 100% refatorado e sempre tem que voltar para refatorar. E olha que ele tem as técnicas em mente. A diferença é que agora ele deve gastar menos tempo em *refactoring* e com certeza é mais ágil que um iniciante, mas mesmo assim ele precisa refatorar. E o que vamos ver neste capítulo? Saber o que é *refactoring*? Algo que posso fazer usando o *Google*?

32 | TDD na prática

A resposta é não. Pra ser sincero eu acredito que não teria muita graça eu fazer isso só para ter mais um capítulo no livro, mas resolvi colocar esse assunto para os iniciantes que nunca viram nada de *refactoring* e queiram ter uma introdução. Caso goste (terá que gostar, porque *TDD* pede *refactoring*, Conforme veremos no capítulo de *TDD*) poderá comprar o livro de Martin Fowler e buscar se aprofundar mais no assunto. Como esperado, estarei abordando quais são as vantagens, desvantagens e alguns exemplos simples de como praticar. Porém, achei isso muito pouco. Quando comecei a estudar o assunto, eu senti falta de como praticar, de ter um código legado ou algo parecido para poder brincar com *refactoring*. O máximo que consegui praticar foram: *rename variable, move method, extract local variable etc*. E quando comecei a escrever os exercícios do livro, muitos dos códigos que veremos não estão refatorados. Às vezes o *refactoring* era automático, mas todos os códigos foram escritos de primeira, sem avaliar. Então eu não fiz uma parte do ciclo de *TDD*, a *refactor*, mas foi por um bom motivo: deixar trabalho para você, afinal de contas, quem comprou o livro e deseja aprender é você e eu devo deixar essa estrada livre e motivá-lo a caminhar nela, concorda? O que adiantaria eu fazer? O que mudaria no seu aprendizado? Foi o que pensei. Porém, você vai praticar as técnicas de *refactoring* só depois que passar pelo capítulo de *TDD*. Antes disso, não avance. O motivo é que os exercícios que coloquei para *refactoring* são respostas de alguns exercícios de *TDD* e não será nada justo você ver a solução do exercício sem ter tentado com a **sua solução**. Isso quer dizer que no capítulo de *TDD* eu não vou usar a parte de *refactoring*? Quem disse isso? Você deve fazer e seguir o ciclo de *TDD* que será explicado e fará o *refactoring* no seu próprio código. O trabalho de *refactoring* que reservei no final do livro é para você aprender a praticar *refactoring* em código de terceiro (o meu), poder usar outras técnicas, se envolver um pouco mais com o assunto, entender código legado, etc. Neste capítulo, veremos algumas práticas em exemplos simples, caso seja iniciante poderá ir se acostumando e pegando o jeito da coisa. Mas devo confessar que quando estiver fazendo *refactoring* terá que passar algumas horas na página *Catalog refactoring www.refactoring.com* (a página é em inglês, não há tradução no momento que escrevo este livro) do *Martin Fowler*. Se tiver o livro dele é melhor, pois há mais informações da técnica. Por falar nisso, eu usarei os termos técnicos em inglês de *refactoring*. Farei isso para que você não caia na mesma besteira que eu caí: comecei a ler *refactoring* em um livro que traduziu os termos técnicos (na época não tinha um bom inglês para ler um livro) e isso é horrível quando se precisa fazer pesquisa, entender a técnica e ver as discussões. Daí aprendi que na técnica de *refactoring* com os termos reais eu entendia muito mais rápido, pois ficar associando as péssimas traduções com o termo original era horrível, sem falar que havia momentos que ficava perdido, e não quero que você tome o remédio amargo que tomei com essas traduções.

Por que usar *refactoring*?

Quem nunca usou a técnica de *refactoring*, é comum fazer as seguintes perguntas:

- Por que aplicar *refactoring*?
- Qual benefício de aplicar *refactoring*?
- *Refactoring* é para desenvolvedor que gosta de código bonito, não é?
- Se está tudo funcionando, por que refatorar?

Se eu disser para você que um dia eu não tive uma das perguntas acima, senão todas, eu estaria mentindo. Com o tempo, experiência, envolvimento com o cliente, busca por diminuir meu esforço e aumentar a satisfação do cliente com o produto entregue e uma série de outros fatores, eu fui encontrando as respostas para as perguntas acima. Apesar de ter lido no livro do *Fowler* as vantagens e desvantagens de usar *refactoring*, o que não entrava na minha cabeça era se de fato a técnica impactava tanto no negócio. Só indo para o mercado que pude ver o gargalo, os problemas atrasados que um código ruim pode causar a um produto. Para ter idéia, eu já vi caso de ter que jogar um produto de 4 anos fora e começar um novo do que ficar tentando arrumar o código e lançando novos releases, porque a cada vez que fazia isso, o número de *bug*s triplicava, pois integrar o código novo com o antigo não era algo fácil, e às vezes quebrava o antigo, mas como o código antigo não era algo tão amigável, muitos dos *bug*s só eram descobertos quando estavam no cliente. E isso custava caro, não só para o fornecedor, mas para o cliente também.

Certamente você já aplicou alguma técnica de *refactoring* indiretamente, quer ver? Alguma vez foi preciso renomear uma variável, pois ela não estava muito clara para você. E aí podemos dizer que você aplicou *rename variable*.

Mas, respondendo a pergunta do tópico, usamos *refactoring* hoje por que:

- Queremos diminuir tempo durante a manutenção do *software*;
- Aumentar o tempo de vida do *software*;
- Melhorar a legibilidade do código;
- Aumentar a satisfação do cliente (diga para ele que uma alteração que antes custava dias, vai custar horas. É só esperar o sorrisão);
- Melhora o projeto do *Software*: um projeto sem refatoração termina por se deteriorar. À medida que as pessoas alteram o código sem compreendê-lo totalmente acabam desestruturando-o. Através da técnica de refatoração é possível garantir a estrutura do código.

34 | TDD na prática

Agora você pode estar se perguntando: *"Qual a desvantagem com refactoring?"*. Eu não consigo ver desvantagem no uso da técnica, uma vez que o objetivo é melhorar a qualidade do produto em seu desenvolvimento. Agora partindo para algo gerencial ou de projeto, para alguns *PMs*, *refactoring* é um custo que alguns projetos não querem pagar e preferem que o primeiro código desenvolvido e funcionando vá para produção; se tiver *bug*, resolvemos lá na frente. Mas por que isso? Simples, *refactoring* pede tempo. Se você leva dois dias para entregar uma solução sem *refactoring*, ao aplicar a técnica você poderá levar 3 dias, se não envolver códigos já existentes nesse meio. E para alguns gestores de *software* isso é custo, pois você vai trabalhar mais 1 dia refatorando algo que já está funcionando, é um "tiro no pé". Pois tempo é dinheiro. Mas preciso ressaltar que isso varia de projeto para projeto, certo? Há projetos que visam quantidade de entrega sem se importar muito com a qualidade, desde que esteja funcionando, é o suficiente. Há outros que se importam em entregar funcionando, mas com qualidade, se tiver funcionando mais com baixa qualidade não está concluído o trabalho. Ai vem a pergunta: *"Camilo, como eu vou convencer meu gerente disso?"* Simplesmente você não vai convencer seu gerente disso. Claro, há gerentes que entendem e sabem do que você está falando e vai apoiá-lo, mas nem fique muito feliz porque não serão todos, maneira que encontrei de driblar essa situação foi no momento de fazer a estimativa do que eu ia entregar. Uma vez que eu já tinha entendido o problema e fazia idéia de quanto tempo eu levaria para resolver sem *refactoring*, eu adicionava no mínimo 1 dia a mais nessa estimativa e passava. E assim conseguia entregar a solução funcionando e com *refactoring*. Para a gerência, na maioria das vezes não importa o como você resolveu, desde que tenha resolvido e aquele problema tenha sumido da pilha dele, é o resultado esperado.

Com *refactoring* eu levei menos tempo durante a manutenção, seja para fixar um *bug* ou adicionar uma nova funcionalidade. Conseguia ler e entender o código no menor tempo possível. Mesmo meses após ter desenvolvido, ao retornar e olhar para alguns trechos eu lembrava facilmente da regra de negócio que estava por trás, etc. Claro que *refactoring, TDD, XP* não são "bala de prata" (se é que um dia vai existir, acredito que não), mas sim uma forma de melhorarmos o que fazemos.

A seguir veremos como aplicar a técnica de *refactoring* usando o *Eclipse*. Hoje as *IDEs* já trazem algumas técnicas de *refactoring* que facilitam a implementação, normalmente as mais simples. Porém, não esqueça que na maioria das vezes que estiver refatorando é você quem vai tomar a decisão sobre qual a melhor técnica de *refactoring* deve ser aplicada. As ferramentas nem sempre têm a capacidade de analisar trecho de código e dizer qual é a melhor. Ai que entra seu conhecimento, experiência e poder de decisão, pois seu *refactoring* não pode quebrar a funcionalidade do *software*. Eis onde eu acho que está toda diversão e desafio, pois ao ver aquele código "tosco" que eu mesmo fiz na primeira vez, vou lá agora arrumar e buscar fazer algo melhor e fico ali olhando e pensando: "o que fazer para melhorar isso aqui? Uso o quê?" E assim vou me divertindo e ao mesmo tempo tendo minha terapia com *refactoring*.

Capítulo 3 - Refatoração | 35

Aplicando *Refactoring* com *Eclipse*

Se você usa o *Eclipse*, já deve ter visto no menu a opção *Refactor*. É ali que moram alguns *refactoring* implementados pela *IDE*. Tenho que admitir que é fantástico usar, pois imagine que fazer um *rename method* e sair vasculhando em todo projeto e ter que alterar um a um. Eu diria então que é melhor nem aplicar *refactoring*, pois em alguns casos é impossível fazer isso na "mão grande".

Usar as opções disponíveis no *Eclipse* não é muito difícil, em alguns casos temos que selecionar o que queremos, em outros basta que o cursor esteja na linha e automaticamente o *Eclipse* já deixa disponível quais *refactoring* podem ser aplicados. A seguir temos um exemplo prático, a classe tem uma variável hora que não diz muita coisa, pois eu posso perguntar que tipo de hora. Pode ser a hora de ontem, hora de hoje etc. Então vamos refatorar:

Código Atual:

```java
public class Hora {
private String hora;
public Hora(String hora) {
super();
this.hora = hora;
}
public String toString() {
return this.hora;
}
}
```

Para refatorar é bem simples, clique na variável *hora* que está na linha 2 (deixe o cursor do mouse na variável). Agora vá no menu *Refactor* ➔ *rename*.

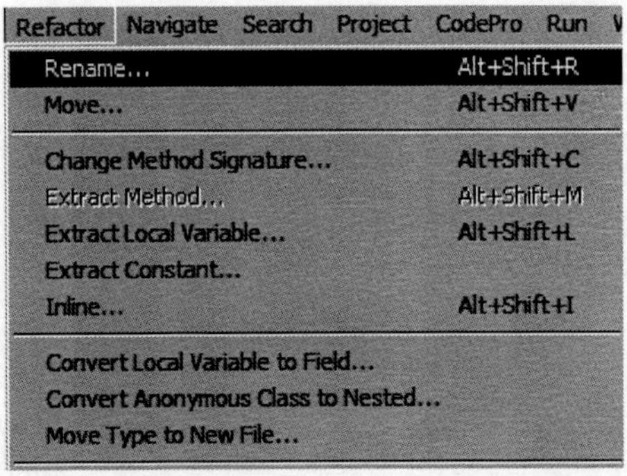

Figura 26: Aplicando *rename* refactor pelo *Eclipse*

Digite o novo nome da variável - no nosso caso chamaremos de *horaAtual* - e observe que a alteração acontece automaticamente em todos os locais que a variável aparece na classe. Após ter digitado o nome, dê *Enter*. E feito. Acabamos de aplicar *rename variable*.

Código Refatorado

```
public class Hora {
private String horaAtual;
public Hora(String hora) {
super();
this.horaAtual = hora;
}
public String toString() {
return this.horaAtual;
}
}
```

PMD tools

É uma ferramenta que tem como objetivo de auxiliar na técnica de *refactoring* e boas práticas de desenvolvimento. O objetivo da ferramenta é analisar seu código e fazer sugestões de como você poderia melhorar uma linha ou trecho de código. Claro que a ferramenta não é o "mestre dos magos" é preciso ainda do nosso OK para saber se a sugestão faz sentido. Mas o interessante é que a ferramenta pega algumas melhorias que não conseguimos identificar por já estarmos viciados no código. Se você não instalou o *plugin* no *Eclipse*, veja como fazer isso no capítulo 1.

A seguir mostro a ferramenta em ação:

1. Primeiro clique com direito sobre o projeto

2. Vá em *PMD* ➔ *Check Code With PMD*

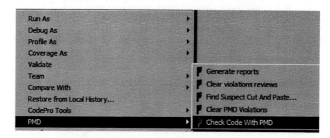

Figura 27: Checano código como *PMD*

Capítulo 3 - Refatoração | 37

Aguarde...

E terá o resultado assim:

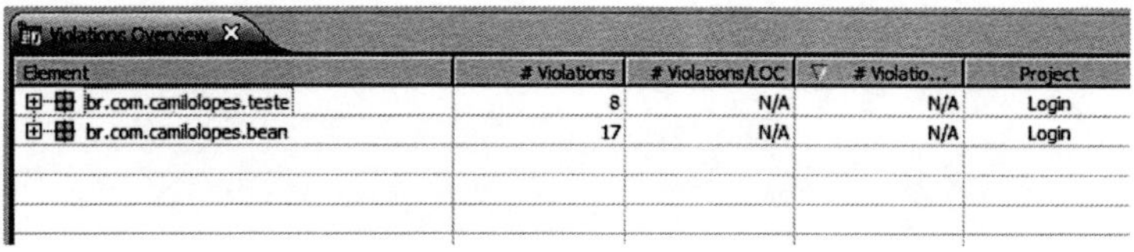

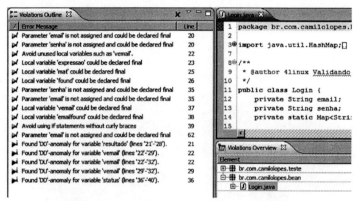

Figura 28: Resultado *PMD Tools*

Certifique-se que você está na *perspective PMD*. Para ver quais as violações a ferramenta identificou, abra o pacote e dê dois cliques na classe, conforme a seguir:

Figura 29: Verificando as violações no código

Observe que à esquerda nós temos as sugestões da ferramenta. Ao clicarmos em uma delas, automaticamente a linha onde é sugerida alteração é destacada, confira:

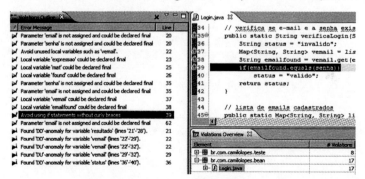

Figura 30: Sugestões da ferramenta *PMD*

Se não entendeu bem a sugestão, você pode clicar com o botão direito em *show details* na aba que está à esquerda e ver o que a ferramenta diz:

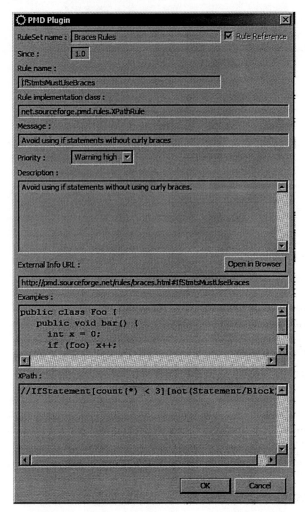

Figura 31: Olhando a sugestão em detalhes *PMD*

Observe que a ferramenta dá mais detalhes sobre a sugestão e com exemplo de código. E como aplicar a sugestão? É, meu amigo, a ferramenta não faz isso. É com você. Ela faz a análise e traz as sugestões, porém cabe a você implementar. Nesse exemplo simples, precisamos apenas colocar um par de {} no *IF*. Ao fazermos isso, veremos que diminuímos uma violação da classe. Veja:

Capítulo 3 - Refatoração | 39

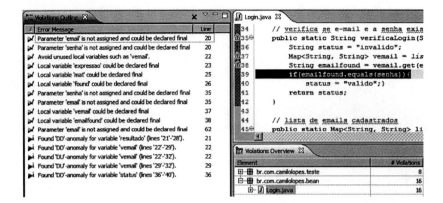

Figura 32: Corrigindo a violação

Um detalhe que não mencionei é que as sugestões da ferramenta estão em inglês. Não há opção em português, até porque não faria sentido ter.

Um guia para *Refactoring*

Eu pensei bastante para saber se de fato deveria colocar esse tópico no livro. E acabou entrando de ultima hora. O motivo foi que eu parei e pensei: *"Se o leitor nunca viu refactoring, talvez esse tópico faça sentido. Mas se ele já viu vai pular de imediato"*. Então se você nunca aplicou uma técnica de *refactoring*, esse tópico é essencial. Por enquanto esqueça o *Eclipse* ou a sua *IDE* preferida, aplique técnicas de *refactoring*. Como falei, o legal do *refactoring* é que faz o desenvolvedor pensar, analisar, estudar o contexto e tomar uma decisão. Na página www.refactoring.com há vários exemplos de como aplicar algumas técnicas de *refactoring*, mas mesmo assim eu recomendo o livro do *Fowler*.

Consolidate Expression Conditional

Esse procedimento de refatoração é utilizado quando há uma grande sequência de testes condicionais, sendo que esses retornam um mesmo resultado.

Motivação

Em alguns blocos de códigos é possível encontrar expressões condicionais remetendo a um mesmo resultado. Condensar as expressões em apenas uma pode ser considerado uma técnica de refatorar.

40 | TDD na prática

Condensar as expressões condicionais é importante pelos seguintes motivos:

> Primeiro: com apenas uma expressão condicional a validação se torna mais clara, mostrando o que está realmente sendo executado em uma única verificação. Ao contrário de quando se tem condições separadas, onde é transmitida a impressão de ter verificações independentes.

> Segundo: com as expressões condensadas fica mais fácil de aplicar a técnica Extrair Método quando se tem o código mais claro.

Mecânica

As técnicas de refatoração a seguir foram definidas por *Fowler*:

- Verificar se nenhuma das expressões condicionais causa efeito colateral, ou seja, uma alteração em uma das mudanças faz o programa não funcionar como antes. Caso haja, esse procedimento não deve ser executado;

- Substituir um conjunto de condicionais por apenas uma expressão condicional usando operadores lógicos;

- Compilar e testar.

Exemplo

O código a seguir apresenta expressões condicionais remetendo o mesmo resultado, conforme é apresentado nas linhas 2, 3 e 4, o que dificulta a leitura do código, onde há mais linhas para serem compreendidas.

```
double valorPorIncapacidade(){//calcular o valor incapacidade
    if(_antiguidade <2)    return 0;
    if(_mesesIncapacitado > 12)return 0;
    if(_eTempoParcial)return 0;}}
```

Expressões condicionais que retornam o mesmo resultado (código não refatorado).

O código refatorado a seguir consolidou as expressões condicionais utilizando o operador "OU" para obter único resultado, como pode ser visto nas linhas 2 e 3.

```
double valorPorIncapacidade(){//calcular o valor por incapacidade
if((_antiguidade < 2)||(_mesesIncapacitado > 12)||
(_eTempoParcil))
        return 0;
}
```

Código Refatorado

Replace Magic Number with Simbolic Constant

O entendimento de número literal pode ser claro para as pessoas que o codificam, porém seriam mais claros se fossem substituídos por constantes simbólicas com um nome intuitivo e auto-explicativo. Esses números simplesmente largados no código dificultam muito a leitura e entendimento, dificultando no processo de manutenção e diminuindo a velocidade no desenvolvimento do *Software*.

Motivação

Números literais são um dos males mais antigos da computação. São números com valores especiais no sistema e que normalmente não são óbvios. É muito oneroso quando se quer utilizar um mesmo número lógico em mais de um lugar. Se houver a possibilidade dos números mudarem é um trabalho enorme mudar todas as ocorrências, levando à dificuldade no processo de manutenção do *Software*.

Mecânica

Para execução dessa refatoração basta seguir os passos a seguir:

> a) Declarar uma constante e atribuir a ela o valor do número literal;
> b) Encontrar onde o número aparece;
> c) Ve se a mudança pode ser feita. Em caso positivo, alterar o número pela constante;
> d) Compilar;
> e) Assim que os números literais forem substituídos, testar.

Exemplo

A seguir temos um código não refatorado que apresenta um número literal 9.81, como pode ser visto na linha 2.

```
double energiaPotencial(double massa, double altura){
  return massa * 9.81 * altura;
}
```

A presença de número literal no sistema

Com o código refatorado foi criada uma constante para representar o número literal e a nomeação autoexplicativa, conforme pode ser visto nas linhas 1 e 3. Agora o processo de manutenção se torna mais fácil e consequentemente mais rápido.

```
static final double CONSTANTE_GRAVITACIONAL = 9.81;
double energiaPotencial(double massa, double altura){
  return massa * CONSTANTE_GRAVITACIONAL * altura;
}
```

Substituindo número literal por uma constante simbólica

Conclusão

Espero que tenham gostado e aprendido um pouco sobre *refactoring*. Neste capítulo vimos o que é e o porquê de usar a técnica durante o desenvolvimento de *software*. Na prática apresentei como usar *refactoring* no *Eclipse* e conhecemos a ferramenta *PMD tools* que fornece sugestões de melhorias em nosso código. Para finalizar, conferimos algumas técnicas de *refactoring* extraídas do livro do *Martin Fowler Refactoring: Improving the Design of Existing Code*.

Capítulo 4
JUNIT

Não poderia deixar de colocar este tópico, afinal de contas vamos usar o *JUNIT API* para execução dos nossos testes. Se você nunca mexeu com a *API*, este é o momento de entender como criar seus *unit test* usando *JUNIT*. Na verdade, este capítulo é requisito para *TDD* no livro, uma vez que ao chegarmos ao capítulo de *TDD* não irei explicar como criar e rodar seus *unit test*. vou assumir que você já sabe como fazer isso com os "pés nas costas". Acredite, não é nada de outro mundo, é só entender como os testes funcionam. De novo, o objetivo deste capítulo é apresentar o *JUNIT* e nada melhor que ter um exemplo prático para exercitarmos. Veremos isso a seguir.

O *JUNIT*

É uma forma (*API*) de fazer testes unitários em código *Java*. Então se você deseja verificar se todos os métodos de uma classe estão executando de forma esperada, usamos o *JUNIT* para verificar antes de fazer o *deploy* da aplicação. Claro que *API* não vai fazer milagre. Tudo depende de quem está entre a cadeira e o computador, mas criar *unit test* e poder rodar para validar alguns cenários nos poupa muito tempo durante o ciclo de desenvolvimento. Se você escreveu um teste adequado para o cenário que realmente deseja validar e esse passou, você não precisa fazer um *deploy* da aplicação toda vez que precisar validar um cenário. A resposta é que o resultado dos *unit tests* já é o suficiente. A seguir veremos como tudo funciona na prática. No final do capítulo veremos uma parte mais teórica.

Um exemplo prático:

Vamos dizer que temos um método chamado *calculo Saldo (double valor)* que é responsável por receber um valor e amortizar a dívida ou pagá-la 100%. Então queremos ter a certeza que a lógica desse método está ok. Caso o cliente *Camilo* tenha uma dívida de R\$ 1.000,00 e deseje pagar apenas R\$ 300,00, a dívida agora passa ser de R\$ 700,00. Então esse é o resultado esperado pelo cliente. Veremos a seguir um exemplo de código:

44 | TDD na prática

Passo 1

Primeiramente precisamos adicionar o *.jar* do *JUNIT* ao projeto. O *Eclipse* já vem com o *.jar* por padrão. Caso não esteja atualizado, o *download* pode ser feito diretamente do site *www.junit.org*. As versões mais recentes da *IDE* vem sempre com o *JUNIT* mais recente (no momento que este livro é escrito o *JUNIT 4* é a última versão).

Passo 2

Agora criaremos um projeto *Java Project* e dois *packages,* um para a classe e outro para a classe teste (essa é a forma mais simples. Há outra maneira mais elegante que mostrarei no final do capítulo).

Você pode pensar que seria mais fácil ter uma classe com o método *main* e testar a funcionalidade. Mas na prática não é. Os testes unitários, além de serem mais simples de serem executados, são capazes de testar uma parte especifica do código sem precisar rodar toda aplicação e isso reduz bastante a execução de trabalho operacional no dia-a-dia.

Passo 3

Crie um *package com.banco* e a classe seguinte neste package:

```
public class Banco {
private double debito=1000.00;
private double debitoPendente;
//omitimos get/sets
public double saldoDivida(double valorpago){
debitoPendente = debito - valorpago;
return debitoPendente;
}
```

O método que vamos testar é o *saldoDivida()*.

Passo 4

Criar uma classe de Teste. Esta aqui seria aquela classe extra que criaríamos usando o método *main,* porém vamos usar o *JUNIT* para validar o resultado. Para isso, clique no *package com.banco.teste* e crie uma nova classe *JUnit teste Case*

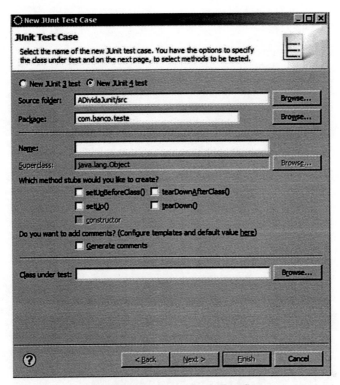

Figura 33: Criando *Junit Test Case*

Nessa tela devemos informar o nome da classe e alguns métodos *stubs*, caso seja necessário. A seguir vamos entender o que é gerado pela *API*:

- *SetUp()* roda antes de qualquer teste. É interessante colocar conexão com o banco de dados, assim estabelece a conexão antes dos métodos serem testados. Se um objeto de instância vai ser usado por mais de um método com os mesmos valores, pode colocar a instância aqui.

- *tearDown()* roda depois que os testes acabaram. O que colocamos ai? Podemos fechar a conexão, limpar lista, etc.

Passo 5
Agora vamos editar o método criado pela ferramenta para realizar na classe Banco e obter o resultado que esperamos. A seguir, como ficou a nossa classe:

```
public class BancoTeste {
@Test
public void testSaldoDivida() {
Banco bcli = new Banco();
assertEquals(700.0, bcli.saldoDivida(300.0));
}
```

Criamos uma instância da classe e usamos os métodos assertivos que compõem o *JUNIT* para testar as condições. Nesse caso, o *assertEquals()* é que verifica se o valor da esquerda é igual ao valor da direita. No primeiro parâmetro passamos o que esperamos de resultado; no segundo testamos o método de fato.

Se o método está fazendo o cálculo correto, o resultado será 700.00 (que é a dívida pendente), uma vez que só pagou 300.00 do total de 1000.00.

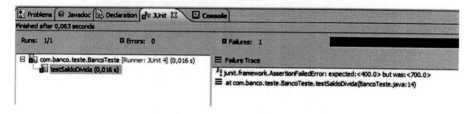

Figura 34: Teste Falhando

Observe que quando temos falha recebemos uma linha vermelha, a linha do erro. A questão toda é que informamos que estávamos esperando 400.00, porém o resultado foi 700.00, então tem algo de errado para o *JUNIT*. Nesse caso eu alterei apenas o primeiro parâmetro do método *assertEquals()* de forma proposital.

```
assertEquals(400.0, bcli.saldoDivida(300.0));
```

Agora veremos *JUnit* testando de forma correta, conforme a imagem a seguir:

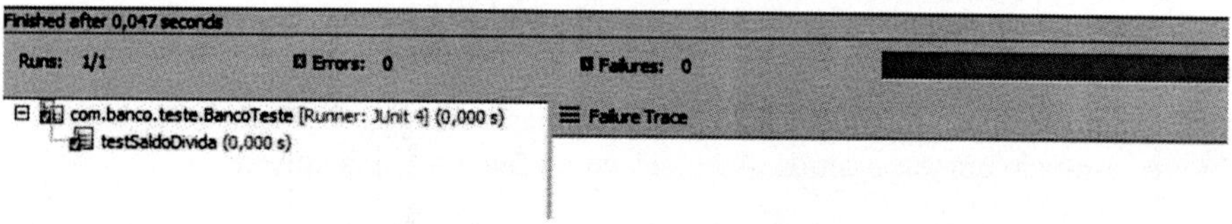

Figura 35: Teste Passando

Observe que temos uma linha verde e nada falhou. Isso porque o cálculo efetuado pelo método foi o esperado no *assertEquals*. Uma vez que alterei para:

```
assertEquals(700.0, bcli.saldoDivida(300.0));
```

Test Suite

O *SuiteCase* ajuda quando temos várias classes e precisamos testar os todos métodos de uma única vez. Já pensou ter 100 classes (algo não muito difícil) e ter que sair testando cada *Classe Teste*? Seria muito tempo desperdiçado e um pouco cansativo. Então *Suite Case* permite testar os métodos de um grupo de *Teste Case*.

Vamos adicionar mais uma *classe e uma classe teste* no projeto, que tem como objetivo gerar um capital com base no valor de entrada + a taxa fixa.

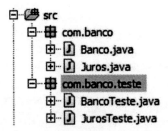

Figura 36: Adicionado nova classe de teste

```
public class Juros {
private double taxa = 2.00;
private double capital;
public double getTaxa() {
return taxa;
}
//gets/sets
public double calculoJuros(double valor) {
capital = valor * taxa;
return capital;
}
public class JurosTeste extends TestCase{
@Test
public void testCalculoJuros() {
Juros juros = new Juros();
assertEquals(500.0, juros.calculoJuros(250.0));}
```

Passo 1

Para criar é o mesmo processo do *JUnit test Case*, porém escolha *Test Suite* e informe as classes *Test Case* que queremos testar.

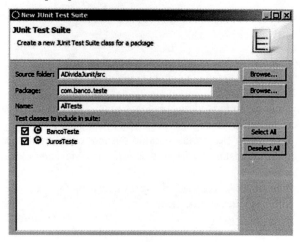

Figura 37: Criando *Test Suite*

Observe que informei as classes testes que queremos testar. O resultado a seguir informa que ambos os testes estão funcionando.

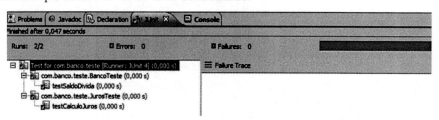

Figura 38: *Test Suite* Passando

Porém, no resultado a seguir, mudei o valor de um dos testes e o *JUNIT* informa quais métodos estão OK e quais não estão. Veja o resultado:

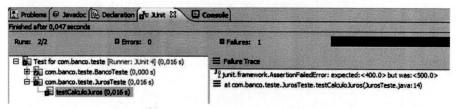

Figura 39: Rodando *Test Suite* - *Unit Test* falhando

O *JUNIT* facilita a criação de código para a automação de testes unitários com apresentação dos resultados. Assim **pode ser verificado se cada método** de uma classe funciona da **forma esperada,** exibindo possíveis erros ou falhas.

E qual a importância da execução dos testes?

O produto de *software*, atualmente, deve passar por várias fases de testes: o teste unitário, de integração, de sistema, de aceitação, entre outros, antes de serem disponibilizados para o usuário final. Entre essas fases, o teste unitário, também conhecido como teste de unidade, é a fase do processo de teste em que se testam as menores unidades de *software* desenvolvidas e que tem como objetivo prevenir o aparecimento de *bugs* oriundos de códigos mal escritos e garantir um nível de qualidade de produto durante o processo de desenvolvimento de *software*. A seguir, temos algumas vantagens do *JUNIT*.

Vantagens do *JUNIT*

- Permite a criação rápida de código de teste, possibilitando um aumento na qualidade do desenvolvimento e teste;
- Amplamente utilizado pelos desenvolvedores da comunidade código-aberto, possuindo um grande número de exemplos;
- Uma vez escrito, os testes são executados rapidamente sem que para isso seja interrompido o processo de desenvolvimento;
- *JUNIT* checa os resultados dos testes e fornece uma resposta imediata;
- *JUNIT* é livre e orientado a objetos.

Criando um *source* de *unit test*

Nos exemplos anteriores criamos a nossa classe de teste em um *package* e usamos o *source default* do *Java Project* que é *src*. No dia a dia não fazemos assim. É recomendado criarmos um *source* exclusivo para rodar os *unit tests*. Assim podemos executar todos os testes de uma só vez. Quando colocamos *unit test* misturados com o do código fonte é algo ruim, pois não é muito difícil uma aplicação possuir 2 mil *unit tests* para serem executados e tê-los juntos com o código funcional, é um pesadelo na vida de qualquer desenvolvedor. A seguir veremos como você deve fazer em seus projetos *Java* e esta será a forma que iremos usar em alguns exemplos no capítulo de *TDD*.

Passo 1

1. Clique com o botão direito no *projeto* ➔ *New* ➔ *Source folder*. Agora temos a tela a seguir:

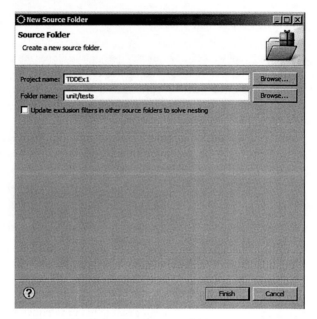

Figura 40: Criando um *source folder* para *unit test*

2. Precisamos dar um nome para o nosso *source folder*. Eu gosto de usar *unit/tests*. Agora temos mais um source no nosso projeto. Veja:

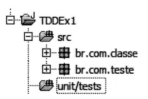

Figura 41: Projeto com *unit/test source*

3. Iremos mover o *package* que está no *src* para o *unit/tests*. Então clique e arraste o *package* em direção ao novo *source*. Deve ficar como na imagem a seguir:

Capítulo 4 - JUNIT | 51

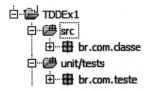

Figura 42: *unit/test source* **com classes de testes**

4. Agora podemos rodar todos os testes desse *source* apenas clicando com o botão direito sobre *unit/tests* e executando o *JUNIT*, conforme na imagem a seguir:

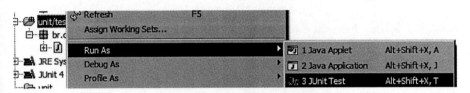

Figura 43: Rodando *Junit Test* **no** *source*

5. O resultado é:

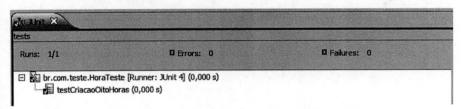

Figura 44: Resultado *JUnit Test source*

6. Observe que temos a quantidade de testes que foram executados. Parece que não tem muita diferença com a maneira inicialmente vista no capítulo, mas certamente você terá mais *packages* e classes e ao rodar todo o *source* saberá quantos *unit tests* implementados há, a velocidade de cada, sem falar que é mais prático e eficiente rodar dessa maneira.

Sinta-se à vontade em executar dessa forma ou como vimos no exemplo anteriormente. Eu recomendaria fortemente o uso do *source folder* para os *unit tests*.

Boas Práticas com *unit tests*

Pretendo neste tópico trazer algumas boas práticas que considero importante compartilhar com você. Essas boas práticas nada mais são que minha própria experiência com criação de *unit tests* e isso não pode ser levado como a pura verdade sobre como construir seus testes de unidades. Veremos que o resultado em usar um tipo de *assertXXX* com outro que produz o mesmo resultado não vai fazer diferença na execução dos testes. Porém a diferença é mais em relação ao que parece ser mais legível e que ajude no entendimento do que o teste faz. Vamos ver na prática:

Caso 1: *assertEquals* & *assertTrue*

O objetivo dos dois métodos é validar se um resultado é verdadeiro. Mas cada um nos ajuda na legibilidade do código com base no que estamos querendo validar. Vou explicar através de exemplos práticos para ficar mais claro a diferença de quando usar cada um. Vamos ver o uso que considero inapropriado:

```
assertTrue("camilo"=="camilo");
```

O resultado acima é semelhante ao resultado a seguir:

```
assertEquals("camilo", "camilo");
```

Ambos os testes irão passar. Mas, qual a real diferença entre usar um ou outro?

Simples, legibilidade. Qual é mais fácil de ler e entender? Qual transmite que estamos testando a igualdade entre dois objetos *Strings*? É só você lembrar o uso do método *equals()* que temos no *Java* que vamos saber que *assertEquals()* é o mais apropriado. O uso do "==" é mais recomendado quando queremos validar números ou referências. Mas ao se tratar de valores de um objeto o *equals* seria o mais indicado, em minha opinião. Observe que a estrutura do código se torna mais fácil de ler e saber o que de fato está sendo testado. Claro que em um exemplo simples como esse parece algo sem muito impacto. Mas, em projeto onde há centenas, milhares de *unit tests*, a legibilidade e entendimento do que cada teste faz é algo extremamente importante, principalmente durante a manutenção, correção de *bugs,* etc. Agora veremos outra dica:

Caso 2: *assertTrue*com *List*

O uso de conjuntos é bem comum na linguagem *Java* ultimamente e sempre precisamos testar se uma determinada lista tem o tamanho X que esperamos. E o que vejo sempre é isso:

```
assertEquals(1,lista.size());
```

Está errada essa instrução? Não.

O teste vai passar. Só que acho estranho validar número com o *equals,* ainda prefiro usar o ==.

```
assertTrue(lista.size()==1);
```

E no caso acima, o valor numérico seria refatorado para uma variável constante com um nome amigável.

Outro uso comum é verificar se está vazio usando número. Isso é estranho quando a classe fornece um método que nos informa se a lista está vazia, algo assim:

```
assertTrue(lista.size()==0);
```

Isso pode ser legal quando não temos um método na classe utilitária que nos permite saber se um conjunto está vazio, se não for verificando o seu tamanho. Mas, por exemplo, a classe *ArrayList* possui o método *isEmpty()* que retorna um valor booleano informando se a lista está vazia ou não.

```
assertTrue(lista.isEmpty()) ou asserFalse(lista.isEmpty())
```

Isso parece melhor que usar o valor numérico para validar se uma lista está vazia. Ao ler o código, eu sei que já se espera uma lista vazia ou não. Claro que olhando para o código com o valor numérico também eu vou saber disso, mas a opção acima não parece deixar nosso código mais legível?

Caso 3: *assertSame / assertNotSame*

Se você deseja comparar se dois objetos são realmente iguais, use o *assertSame* e não *assertEquals* ou ==. O motivo que o *equals* testa valores e o == se usado com objetos, testa referências. Lembra da regra de implementar o código *hashing* no *Java*, né? Há casos que você vai precisar de fato ter o *equals()* e o código *hashing* implementados corretamente para poder considerar que dois objetos são de fato iguais ou não. E ai que entra o *assertSame* e o *assertNotSame*.

```
assertSame(nome, app.getNome());
```

Estamos querendo saber se os valores e os objetos são os mesmos. Preciso confessar que no início, quando comecei a escrever meus *unit tests*, toda essa questão de usar o método mais apropriado não fazia muita diferença e que o importante era ter o método passando e pronto. Mas com o tempo eu vi que manter a legibilidade nos meus *unit tests* poupava meu tempo e dos demais colegas quando precisavam mexer no código. Lembre-se que seu *unit test* não é um código qualquer, ele deve ser inteligente naquilo que ele está testando, não pode ser um código que você fez apenas para atingir uma métrica de cobertura. Se você tiver indo por esse caminho, certamente o que falei aqui não vai mudar muito sua vida no dia a dia, muito menos as suas métricas.

Bom e Ruim *unit test*

Eu pensei muito se deveria colocar esse tópico, pois é um assunto polêmico sempre. Mas, vou aqui deixar o que considero um *unit test* "ruim" ou "bom". Definir o que é ruim/bom não é uma tarefa fácil, o que pode ser bom para mim, talvez seja ruim para você. Mas para o resultado eu tive como base o que aprendi e venho aprendendo a cada *unit test* novo que desenvolvo, como eu posso melhorar e o quanto esse é eficiente e contribui para aplicação. Se ele não agrega valor na aplicação, certamente está mal escrito ou com pouca inteligência naquilo que ele pretende testar. Então prepara o cinto que lá vai minha sugestão:

1. Eles devem ser específicos, objetivos e focados. Ou seja, nada de *unit tests* fazendo coisa demais. Alta coesão é o que você precisa alcançar.

2. Principio básico, mas que queria repetir. Nada de um *unit tests* depender de outro, eles são únicos e para executar não pode depender de outro *unit test*.

3. Refatorados. O código no *unit test* deve ser tão legível quanto seu código funcional.

4. Rápidos. Eles precisam rodar rápido. *Unit tests* lentos vão impactar nas vezes que você deseja executá-lo, pois quanto mais lento for menos vezes você vai rodá-lo e isso é ruim.

5. Os nomes devem ser claros e específicos, por exemplo: *testValidandoRequestComFilter()*. Claro que precisamos usar o bom senso e não querer escrever toda descrição do *unit test* no nome do método. Certamente no início você vai ficar com dúvidas de como escrever, mas com prática e tempo, você verá que não é difícil. É só ter o *unit test* focado no propósito dele que o nome ideal vem por consequência.

6. Criar um *unit test* com o mesmo nome do método que deseja testar e colocar tudo nele, eu acho isso ruim. Certamente seu método tem mais de um cenário que precisa ser testado, então você pode criar vários *unit tests* que vão validar cada cenário. Não há problemas em ter vários *unit tests* testando resultados diferentes para o mesmo método. Isso é o desejado.

7. *Unit tests* precisam ser legíveis, para que qualquer outro desenvolvedor possa olhar para sua classe e ir lendo cada um deles, sem dificuldades em saber o que eles estão testando.

Essas foram algumas dicas que achei importante compartilhar com você. Certamente eu teria até outras, mas no momento que ia escrevendo o livro fui colocando as que meu pobre cérebro ia lembrando, até voltei dias depois e adicionei mais alguns. E caso eu me lembre de outros após ter publicado este livro, vou criar *posts* no meu *blog* (*www.camilolopes.com.br*) e você pode ir conferindo.

Conclusão

E assim finalizamos o que você precisa saber sobre como rodar seus *unit tests* com o *JUNIT API*. A minha sugestão é que, se você ainda se sente inseguro sobre como usar a *API*, procure praticar mais até se sentir confortável, pois a base da prática de *TDD* é saber criar e executar os *unit tests* com eficiência. Recomendo a você navegar sempre na *API Doc* do *JUNIT http://www.junit.org/apidocs/overview-summary.html*.

Capítulo 5
Mocks com Mockito

No capítulo anterior, vimos como criar *unit test* com o *JUNIT*. Neste, vamos conhecer algo interessante conhecido como *Mock*. E talvez você vá precisar usar quando chegar ao capítulo de *TDD*. Eu não direi a você quando usar *Mocks* enquanto estivermos fazendo *TDD*, então para isso você terá que entender o conceito de *Mock* e quando estiver programando, analisar o que tem e fazer a pergunta: "será que isso aqui não deveria ser *mockado*?" Se a resposta for Sim/Não, se pergunte o por quê.

Para trabalhar com *Mocks* vamos usar uma *API* do *Google* chamado de *Mockito*. Há outras *APIs* disponíveis na comunidade, mas optei pelo *Mockito*, pois é a que venho usando ultimamente, sem falar que teve uma boa aceitação pelo mercado devido a sua alta curva de aprendizado e boa documentação.

Entendendo *Mocks*: Por que usar *Mock*?
Vamos usar *Mock* quando temos classes que possuem dependências, porém queremos testar apenas se uma classe está retornando o que estamos esperando.

E o que evitamos usando *Mock*?
Evitamos ter que criar objetos para todas as dependências de uma classe, ou seja, com o *Mocks* vamos "enganar" a execução do programa, dizendo pra ele que o objeto a ser passado é de fato o objeto que ele espera.

Na prática

Antes de apresentar os códigos, vamos precisar pegar o conceito do "negócio" e saber como eles trabalham. Vou usar um exemplo clássico que sempre mostro quando quero explicar o conceito de *Mocks*. Não se preocupe com a implementação agora, pegue o conceito de *Mocks* que você desenvolve com qualquer *API* de *Mock* (*Mockito*, *EasyMock* etc).

O cenário é o seguinte:

- *Class Cliente*: um cliente possui alguns atributos como *id, nome.*
- *Classe CarroAlugado:* esta classe tem como objetivo de informar/ representar qual carro está alugado e para quem está alugado (cliente). Então aqui já podemos ver que essa classe **depende de um objeto** da classe Cliente, pois é o **objeto da classe cliente** que terá as informações de quem alugou o carro;
- *Interface AlugarCarro*: temos uma interface que aluga carro. O procedimento de alugar carro é sempre o mesmo, de ter o nome de quem está alugando mais o carro que foi alugado, então se um cliente quiser alugar um carro terá que *assinar um contrato* com essa interface e informar pra ela o nome dele e o carro que deseja alugar.

Os códigos a seguir:

```java
public interface AlugaCarro {
public void setNomeCliente(String nomeCliente);
public void setModeloCarro(String nomeCarro);
public String getNomeCliente();
public String getModeloCarro();
}
//Classe Cliente implementando a Interface, pois um cliente está
querendo alugar um carro.
public class Cliente implements AlugaCarro {
private String nomeCliente;
private String modeloCarro;
@Override
public void setNomeCliente(String nomeCliente) {
this.nomeCliente = nomeCliente;
}
@Override
public void setModeloCarro(String nomeCarro) {
modeloCarro = nomeCarro;
}
@Override
public String getNomeCliente() {
// TODO Auto-generated method stub
return nomeCliente;}
@Override
public String getModeloCarro() {
// TODO Auto-generated method stub
return modeloCarro;
}
}
```

A **classe CarroAlugado** quer receber um objeto que foi instanciado contendo *nome do cliente e o nome do carro alugado,* e retornar esse objeto que nada mais é o Cliente que alugou o carro. Lembre-se, o *Cliente implements AlugaCarro,* então temos o relacionamento HAS-A.

```
public class CarroAlugado {
private AlugaCarro alugaCarro;
public CarroAlugado(AlugaCarro alugaCarro) {
this.alugaCarro = alugaCarro;
}
public AlugaCarro getAlugaCarro() {
return alugaCarro;
}
public void setAlugaCarro(AlugaCarro alugaCarro) {
this.alugaCarro = alugaCarro;} }
```

E onde o *Mock* entra nessa história?
Mocks vão entrar no momento que vamos simular que um cliente "Zezinho" alugou um carro "Ferrari" e vamos ver se de fato a classe tem essa reserva feita.

Mockito

Agora precisamos entender *API Mockito.* É com ela que vamos criar nossos objetos *mocks.* Como já citei, há outras *APIs* de *Mocks* disponíveis *open-source* na comunidade, caso queira testar. O resultado final é o mesmo, a diferença está na forma que cada *API* "*mocka*" os objetos.

A seguir veremos o código que vimos no tópico anterior, porém usando o recurso de *Mock* com *Mockito.* Se tiver dois monitores, deixe o segundo com página da documentação aberta. E o melhor de tudo: a documentação do *Mockito* é das boas.

Usando *JUnit* com o *Mockito*

Agora precisamos testar a classe *AlugaCarro* e ver se de fato ela está retornando um objeto que possui as informações que esperamos que tenha. A seguir temos a classe que testa se um carro está alugado para um objeto *mockado:*

60 | TDD na prática

```java
public class CarroAlugadoTest {
@Mock
private AlugaCarro alugaCarro;//my interface
public CarroAlugadoTest() {
alugaCarro = Mockito.mock(Cliente.class);
}
@Test
public void alugaCarroParaCliente(){
//o cara que recebe os carros alugados
CarroAlugado car = new CarroAlugado(alugaCarro);
String resultadoEsperado = "Camilo Golf";
/*aqui o cliente camilo está reservando o carro golf */
Mockito.when(alugaCarro.getNomeCliente()).thenReturn("Camilo");
Mockito.when(alugaCarro.getModeloCarro()).thenReturn("Golf");
String verdadeiroResultado = car.getAlugaCarro().getNomeCliente() +
car.getAlugaCarro().getModeloCarro();
Mockito.verify(alugaCarro).getNomeCliente();
assertEquals(resultadoEsperado,verdadeiroResultado);}
```

A seguir, a explicação das partes importantes do código acima. Fique atento a cada explicação. Se tiver dúvidas, rode o código ou analise a explicação olhando para o código. Se as dúvidas ainda continuam, envie me um *e-mail* e vamos conversando.

Passo 1
Precisamos criar o objeto *mock*, ou seja, *"mockar"* uma ***classe/interface*** e há várias formas de fazer isso. Usaremos isso do modo mais simples, que é usar *annotations@Mock* na variável que vai ser o objeto e "instanciar" ela no construtor, pois quando a classe for carregada a variável será *"mockada"*.

```java
@Mock
private AlugaCarro alugaCarro;
public CarroAlugadoTest() {
alugaCarro = Mockito.mock(Cliente.class);
}
```

Passo 2
Criamos um teste onde vamos verificar se um carro foi alugado para o cliente.

O primeiro passo foi passar o objeto *"mockado"* que representa "o cliente" para a classe *CarroAlugado,* pois é isso que ela espera receber, um objeto que alugou um carro.

Capítulo 5 - Mocks com Mockito | 61

```
CarroAlugado car = new CarroAlugado(alugaCarro);
```

Em seguida vamos configurar os valores para o método que recebe o nome do cliente e o que recebe o nome do carro alugado. Porém aqui usaremos *mockito*. Essa linha de código será executada quando o método for invocado.

```
Mockito.when(alugaCarro.getNomeCliente()).thenReturn("Camilo ");
Mockito.when(alugaCarro.getModeloCarro()).thenReturn("Golf");
```

A leitura poderia ser algo do tipo: "quando o método *getNomeCliente()* for chamado, então configure o valor dele para "camilo".

Na linha seguinte, observe que chamamos os métodos que acreditamos estarem com um valor e aí o *mockito* entra em ação. Quando um objeto chama um daqueles métodos, ele configura os valores que estão no **thenReturn()**.

```
String verdadeiroResultado = car.getAlugaCarro().getNomeCliente()
+ car.getAlugaCarro().getModeloCarro();
Mockito.verify(alugaCarro).getNomeCliente();
```

O método *verify()* apenas verifica se o método foi chamado na *API Docs do Mockito*. Há outras formas de verificação, como por exemplo:

- Verificar se o método **getNomeCliente()** foi chamado pelo menos 1 vez ou mais vezes;
- Verificar se nunca foi chamado.

O **assertEquals** é somente para verificar se estamos recebendo o valor esperado. A seguir implementei outro teste, veja:

```
@Test
public void verificaSeUmMetodoNuncaFoiExecutado(){
CarroAlugado carroAlugado = new CarroAlugado(alugaCarro);
Mockito.when(alugaCarro.getModeloCarro()).thenReturn("Civic");
/*verifica se o metodo getNomeCliente() nunca foi executado*/
String modeloCarro = carroAlugado.getAlugaCarro().getModeloCarro();
    Mockito.verify(alugaCarro, Mockito.never()).getNomeCliente();
```

Conclusão

Espero que tenha entendido o conceito de *Mocks* e o uso do *Mockito*. São técnicas importantes quando estamos desenvolvendo nossas aplicações com *unit tests*. Em projetos novos, é comum já ter o uso de *mocks* como algo normal, mas em alguns projetos mais antigos é possível que não encontre, talvez nem *unit test* vai existir e, a depender do projeto, custa muito caro colocar esses recursos depois. Enfim, foi um capítulo bem produtivo, pois vimos um exemplo clássico de onde *Mock* se encaixa. No próximo capítulo entraremos no mundo *TDD*.

Capítulo 6
Test Driven Development TDD

Acredito que este tenha sido o capítulo mais esperado por você. Eu também estaria nessa ansiedade em saber que chegou o momento de aprender a usar esse tal de *TDD*. É isso que veremos aqui. Então nada melhor que ter reservado um capítulo apenas para tratar do assunto e tentar deixar você preparado para os próximos capítulos e atividades práticas. Na verdade, o segredo desse livro está em fazer os *Labs* seguindo a técnica e conceito *TDD* e a melhor forma que encontrei de explicar foi respondendo algumas perguntas básicas que fazia para mim mesmo quando comecei meus estudos. Acredito que irão servir para você também.

O que é *TDD*?

A primeira resposta que vem é: "escrever os testes primeiro". Tenho que concordar que com *TDD* realmente escrevemos os testes primeiro, mas não é só isso que acontece. Ter escrito os testes primeiro é a forma de atingir algumas coisas. Tais como:

- Validar o problema;
- Verificar cenários positivos e negativos;
- O *Design* é guiado pelos testes;

Então eu diria que *TDD* é uma forma de testar meu *software* antes de tê-lo pronto e não apenas criar testes. Com *TDD* validamos não somente se há um erro de lógica no código e sim se os requisitos estão bem definidos para que possamos entregar aquilo que é esperado.

Qual a vantagem de escrever os *unit tests* primeiro? Porque você tem:

- Necessidade de manter compatibilidade retroativa;
- Baixa cobertura de testes unitários;

- *Design* pouco testável;
- Testes podem ser feito na *IDE*;
- Não há necessidade de fazer um *deploy* da aplicação para execução dos testes;
- *Bugs* são encontrados com mais facilidade e corrigidos com maior velocidade;
- *Bugs* comprovados por testes unitários;
- Código mais estável estimula melhor o *design*;
- Facilita a técnica de *refactoring*;
- Evitar o *"overdesign"*, ou seja, só escreve código suficiente para o teste passar.

O Ciclo *TDD*

Para praticar *TDD* é necessário seguir o ciclo da técnica, que pode ser vista na imagem a seguir e que é muito simples:

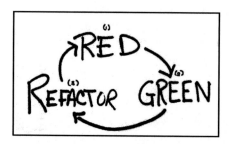

Figura 45: Ciclo *TDD*

(1) Primeiro veremos testar e falhar. E isso é bom. Uma vez que não temos o código funcionando é esperado que o teste não passe. (2) Em seguida vem o nosso trabalho de fazer o teste funcionar, ou seja, sair do vermelho e ir para o verde. (3) E por último e não menos importante, vamos refatorar o nosso código (tanto funcional quanto de *unit test*).

Essa é a mecânica de *TDD*, sempre nesse ciclo que parece ser algo chato por ser repetitivo, mas verá que, às vezes, sair da barra vermelha e ir para verde não será tão fácil ou que ao aplicar *refactor* e cair novamente na barra vermelha será uma dor de cabeça e um pouco de hora extra para voltar a ficar verde novamente.

Que base precisa ter para entender *TDD*?

Eu sempre tinha essa pergunta comigo e não sabia onde encontrar a resposta. Na verdade, só a encontrei no dia que resolvi arriscar e fazer um exemplo da internet e descobri que não há requisitos para o uso de *TDD*, desde que você queira aprender e não coloque barreiras onde indiretamente você já possui, que é a restrição de sair do tradicional para um novo ambiente que certamente gera desconforto. Então sua mente é a sua base.

Os princípios fundamentais:

- Escrever TESTE da implementação ANTES de escrevê-la;
- Escrever somente código suficiente para o teste;
- Escrever testes pequenos, testando a menor quantidade possível de código de cada vez;
- Escrever testes rápidos.

O ciclo de vida *TDD*

1. Criar o teste;
2. Executar todos os possíveis testes e ver aplicação falhar;
3. Escrever aplicação a ser testada;
4. Executar os testes para ver se todos passarão;
5. Refatorar – *refactoring*;
6. Executar os testes novamente e garantir que eles continuem passando;

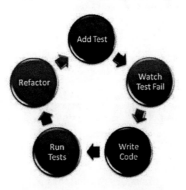

Figura 46: Ciclo de vida *TDD*

A figura acima demonstra o ciclo *TDD*. Outro ponto importante é você conhecer a existência de outros tipos de teste, como veremos logo a seguir.

Tipos de testes

Tipos de Teste	Descrição

Teste unitários	• Testam apenas um componente do sistema.
	    Ferramentas: *Junit, Jmock*;
	    Fundamental para prática do *TDD*;

Testes de Integração	• Testam integração entre componentes que envolvem dois ou mais. (Ex.: classes + *SGBD*)
	    Ferramentas: *JUnit, DBUnit*;
	    Normalmente não utilizado em *TDD*;

Teste de Aceitação	• Testam uma funcionalidade ou caso de uso e envolve vários componentes do sistema.
	    Ferramentas: *Junit, Selenium*;
	    Pode ser usado em *TDD*;

Os mandamentos *TDD*

Certo dia programando, tinha acabado de ler alguns capítulos do livro *Kent Beck, TDD by example* (versão em português *Desenvolvimento Guiado por Testes)* e comecei a fazer algumas anotações do que considerei mandamentos para um *"TDDista"*, com base no desconforto que sofria e a necessidade de aprender a interpretar aquele cenário etc. Ao passar alguns dias anotando em um bloco de notas (que anda sempre comigo para anotar idéias que surgem do nada, às vezes surge, na rua, sempre na caminhada do trabalho para casa), eu consegui compilar esses mandamentos não oficiais pela comunidade *Agile*, concatenando minha experiência com *TDD* e o que aprendi lendo outros livros sobre o assunto. E que gerou isso:

1. Coragem: administrar o medo durante a programação;
2. Adicione um teste antes de qualquer coisa;
3. Faça uma coisa de cada vez;
4. Faça o mínimo de trabalho possível para compilar;
5. Falha é progresso;
6. Eliminar as duplicações antes de ir para o próximo teste;
7. *TDD* não é dar passos pequenos e sim saber dar os passos pequenos;
8. Quando receber uma barra vermelha inesperada, dê marcha ré;
9. Rode os testes a cada nova implementação; só para garantir: o que é óbvio para você, também é óbvio para o computador;

10. Quando um defeito passar, aprenderemos uma lição de como o teste deveria ter sido escrito e seguiremos em frente (mas reflita antes porque falhou e aprenda com erro);

11. Quanto mais pressão sofrer busque adicionar mais testes de requisitos na lista *TO-DO*;

12. Esqueça literalmente qualquer tipo de refatoração enquanto o sinal não ficar verde;

13. De tempos em tempos nosso raciocínio falhará, é normal, não estamos lutando pela perfeição, é hora do *break*;

14. Não é pecado fazer um teste funcionar através da duplicação, lembre-se do ciclo *TDD*;

15. Não vá para cama até que a duplicação tenha sumido;

16. Documente o que é significativo, não o projeto;

17. Escreva testes que exatamente gostaria de ter;

18. Não interromper o que estamos fazendo, perder o foco pode ser um problema;

19. Está se sentindo inseguro: troque a marcha, ou seja, não avance;

20. Não escrever novos testes quando temos uma barra vermelha;

Esse foi o resultado que aprendi praticando *TDD* diariamente. Não são respostas ou passos que caso você siga fielmente terá o sucesso garantido, não é isso que estou dizendo, mas é algo que mais cedo ou mais tarde você vai se ver em um desses "mandamentos".

TDD Pattern

A palavra "*Pattern*" é algo muito comum na nossa área. Sempre tem o *XXX Pattern*. Certamente alguém vai perguntar para você qual é o *Pattern* de fazer *TDD*. Confesso que eu já me fiz essa pergunta, porém não encontrei resposta de imediato. Fui descobrindo através da experiência que não existe um *Pattern* fixo quando estamos usando *TDD*. Isso porque *TDD* é algo mais dinâmico que já pude experimentar dentro do desenvolvimento. Cada hora que você ganha programando, usando a técnica e resolvendo problemas, aprendemos alguma coisa, não só da regra de negócio, mas como escrever nossos testes. Então não tem *TDD Pattern*? Em minha opinião não há. Porém existem coisas que você precisa saber quando pensa em usar a técnica como forma de desenvolvimento. A seguir eu listo algumas que acho legal e que me mantêm sempre organizado e sei do que estou fazendo. Se eu tiver que parar por algumas horas ou dias, ao retornar não terei muitas dificuldades em saber onde parei ou de entender o que já tinha sido feito. Vejamos:

1. Teste Isolado: os testes não podem depender de outro. Eu devo ser capaz de executar um teste e ele rodar mesmo que tenha removido qualquer outro. É comum que iniciantes possam cometer esse erro. Eu nunca cometi, mas não posso negar que quando comecei a brincar com *unit test*, eu cheguei a pensar em fazer isso, mas não fiz, porque tinha lido em algum lugar que os testes deveriam ser independentes e foi quando pesquisei para descobrir o motivo.

2. Lista de testes: uso essa prática no livro. Eu sempre escrevo os testes que gostaria de validar. Não preciso pensar em todos de vez, até porque não é possível, mas vou escrevendo aqueles que terão que validar com base nas informações adquiridas sobre o problema. É uma boa forma de saber o quanto já fiz e resta de trabalho a ser feito. Atualizo sempre essa lista quando penso em um teste novo ou vejo que algo que escrevi não faz mais sentido.

3. Dados de Teste: Alguns acreditam que isso pouco importa. Bem, eu acho extremamente importante que os dados de testes sejam exatamente como a aplicação vai receber. Se há diferença entre passar uma lista com 10 objetos e outra com 5, preciso validar cada cenário. Mas se isso não faz diferença, faço da forma mais simples e funcional possível.

Só isso? É. São os três pontos que não deixo passar sempre que vou começar a escrever uma solução com *TDD*. Eu diria que são os meus pilares e que sempre acontecem. Deve haver outros pontos, mas eu considerei os citados acima importantes. Se você pegar o livro do *Kent Beck* verá que ele tem outros pontos. Você terá os seus, que talvez sejam parecidos com os meus e os do *Kent*, ou talvez alguns novos. A seguir vou falar sobre a diferença entre a barra vermelha e a azul que temos ao executarmos nossos testes. Apesar de parecer óbvio o que cada uma significa, eu, particularmente, quando via a barra azul perguntava: por que azul? O que ela representa de fato: um erro? Se sim, de qual tipo? Vamos ver a seguir.

Failure & Error (blue x red)

Como comentei no inicio do livro, alguns termos técnicos resolvi não traduzir. O motivo é que todo profissional de TI precisar ter o inglês técnico afiado, isso é algo mais comum como ir com os amigos para um *happy-hour* toda sexta-feira.

Sempre vi alguns desenvolvedores interpretarem de forma equivocada quando recebem um *failure* ao rodar os testes. Sempre vi alguns desenvolvedores interpretarem de forma equivocada quando recebem um *failure* ao rodar os testes. Para alguns, as barras *red* e *blue* não fazem diferença e são "erros" de qualquer forma, já que não vi o sinal verde. Sim, são erros, porém diferentes. Uma barra vermelha está dizendo que seu código funcional está errado e não corresponde de fato com o teste. A barra azul, que gera o *failure* informa que talvez seu código funcional esteja correto, mas o seu teste não esteja, pois você esperou um resultado e foi outro, ou a lógica de retorno do seu código funcional esteja errada. Por exemplo, você está esperando receber 1.0, mas o retorno veio 1. Então nesse contexto teremos uma barra azul, pois os valores não são iguais, um é decimal e outro inteiro. Daí você precisa avaliar tanto seu teste quanto o código funcional, mas se você estava na barra vermelha e foi para o azul é evolução. É como colocar uma bola na trave na final de um campeonato (você vibra). Mas a barra vermelha é realmente problema e dos grandes. Você precisa trabalhar muito e ver o que tem de errado, pois seu código funcional não está atendendo aos requisitos do seu teste. É assim que você precisa pensar ao se deparar com as barras. Preparar seu cérebro para os resultados com *TDD* é importante pois, a depender do projeto, não será difícil chegar ao final do ciclo de desenvolvimento e você ter escrito centenas ou milhares de testes e até lá essas barras farão parte da sua vida a cada vez que seus testes rodarem, principalmente na primeira vez ou quando acontecerem mudanças.

Enfim, agora, se alguém no corredor perguntar para você qual a diferença entre as barras, você sabe explicar e entender o motivo do código e ajudará saber por onde começar a avaliar seu código. Essa é outra sacada das barras que vi poucos desenvolvedores perceberem (quando está iniciando com *unit test.*), que ela não é apenas ilustrativa; com base na cor já conseguimos ter uma idéia do que pode estar causando. Eu já consegui identificar um erro de lógica no código com base na cor da barra e em outro caso o código estava correto, mas o desenvolvedor fez o teste de forma contrária do que ele queria. Porém, no final de tudo, o *failure* ainda continua sendo um erro, não importa se é no seu *unit test* ou código funcional.

Como eu faço *TDD*

Cada um tem uma forma de programar, não há padrão de como programar ou organizar suas tarefas. No *TDD* eu peguei uma dica com *Kent Beck* que vou compartilhar com você. Depois que aprendi essa técnica consegui entender mais o problema, surgiram mais questionamentos, porém mais claros e precisos. É algo muito simples, basta criar uma lista com os testes que gostaria de ter, não precisa colocar todos, você vai alimentando essa lista à medida que eles vão surgindo na sua mente. E o que tenho a dizer é que quanto mais você programa, mais testes tendem a surgir, porém chega um momento que acaba, e de fato não há mais nada que você consiga colocar. Quero aproveitar e esclarecer que essa lista não é nenhuma etapa que deve ser feita antes de começar a programar e sim algo interativo que você cria normalmente no inicio e vai atualizando. À medida que vai programando seus testes, você começa a ver os que fazem sentido e acaba descobrindo outros, etc. Um ponto importante é que o que você escreve deve ser simples e objetivo; não é descrever uma funcionalidade ou algo parecido e sim dizer o que você quer fazer ou testar ou receber de volta a partir de alguma coisa. A linguagem deve ser clara, de forma que você consiga olhar hoje, amanhã ou daqui um mês e saber o que significa o que escreveu para querer testar. Eu busco evitar ao máximo escrever no formato técnico, envolver nome ou tipo do método ou variável que terá, apenas escrevo o que quero validar. Essa é uma lista que é para você saber o que já fez e o quanto falta para concluir:

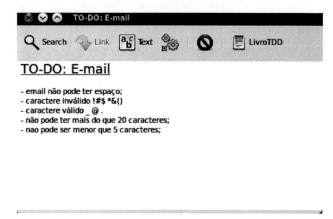

Figura 47: Lista *TO-DO*

Eu batizei a minha lista como "*TO-DO*" (você encontrará a mesma lista com nomes diferentes por outros Agilistas, tais como: *task list, list tdd* etc). Antes de usar uma lista como essa, eu ia pensando no teste e ia escrevendo, mas às vezes ficava perdido ou os testes se misturavam na cabeça e acabava esquecendo e por aí ia. Era horrível por um lado, porque perdia muitos bons testes. Quando vi a dica do *Kent*, não pude deixar de experimentar e não larguei mais.

 Dica: Se você usa *Windows*, eu indicaria um *software* muito bom para *post it* chamado de *Shock Sticker* e para usuários do *Linux* no *Ubuntu* temos *TomBoy Notes*. Normalmente quando estou programando, deixo preso ao lado da tela principal.

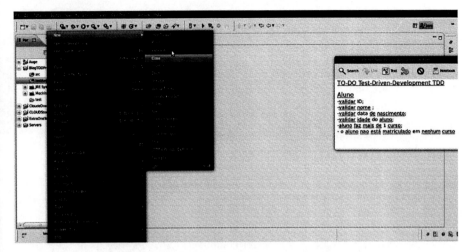

Figura 48: Desenvolvendo com a lista *TO-DO* do lado

Primeira aplicação *Java* com *TDD*

Antes de irmos para o primeiro Lab oficial, resolvi colocar esse tópico mais simples. O objetivo é que você possa praticar da maneira mais direta possível para entender a mecânica, caso seja seu primeiro contato com a técnica. E isso vai trazer mais conforto, pois sei que no início o que mais temos é desconforto. Então, vamos colocar a mão na massa!

Contexto

A aplicação a seguir tem como objetivo validar o número da carteira de identidade (RG). Claro que não estamos desenvolvendo uma aplicação de validação real, a idéia é que você entenda como iniciar o desenvolvimento das suas aplicações com *TDD*.

Praticando

O que vamos praticar a seguir é exatamente como foi quando escrevi meu primeiro *TDD*, ou seja, sem boas práticas de como os testes devem ser escritos. Também, por agora não interessa muito você saber essas boas práticas, o que de fato terá que aprender é como escrever seus *unit tests* primeiro, adequando a resolução do problema e ao término do desenvolvimento você deve ter atingido dois objetivos, primeiro resolver o seu problema, e segundo é que não há momento separado entre fazer seu código funcional com o código para *unit test*, eles são feitos naturalmente como parte do desenvolvimento.

72 | TDD na prática

Primeiro Passo

Crie seu projeto *Java* e uma classe *Junit class Test* com o nome de *RG Test* (se você leu o capítulo *JUNIT* anteriormente, sabe o que estou falando). Qual é o seu primeiro passo? Pensar nos possíveis testes e vamos começar pela lógica: o que seria um RG válido:

- Composto por 6 ou 11 dígitos (não vamos validar, pode ficar como trabalho extra para você);
- Não possui letras;
- Tem o hífen antes dos dois últimos números;
- < coloque mais testes aqui >

E por ai você vai escrevendo os testes, mas é assim mesmo que você escreve, da forma que pensar você anota, não pense tecnicamente como isso será implementado por agora, quando estiver codificando você começa a pensar em como atender aos requisitos. Se preferir, pode pegar o seu RG e ficar olhando e buscando testes de validação para ele, aposto que encontrará muitos e vai querer continuar escrevendo depois dessa prática.

Segundo Passo

Após ter escrito em um bloco de notas os seus testes que validam um RG, vamos codificar isso em nossos *unit tests*. E para isso você terá algo parecido ou igual ao código a seguir. Se escrever testes diferentes, codifique-os também.

```
@Test
public void testIsValidaRG(){
assertFalse("retorna FALSE - invalido RG", validarg.isValidaRG("128641011"));
assertFalse("retorna FALSE - RG invalido", validarg.isValidaRG(null));
assertFalse("retorna FALSE - RG invalido", validarg.isValidaRG(""));
assertTrue("retorna TRUE - RG valido", validarg.isValidaRG("12864010-43"));
}
```

No final, sua classe *RGTest.java* deve estar assim:

```
public class RGTest  {
private RG validarg;
@Before
public void setUp() throws Exception {
validarg = new RG();
}
@Test
public void testIsValidaRG(){
assertFalse("retorna FALSE - invalido RG", validarg.isValidaRG("128641011"));
assertFalse("retorna FALSE - RG invalido", validarg.isValidaRG(null));
assertFalse("retorna FALSE - RG invalido", validarg.isValidaRG(""));
assertTrue("retorna TRUE - RG valido", validarg.isValidaRG("12864010-43"));
}
```

Se o *Eclipse* acusa erros é porque a classe RG ainda não existe. Para compilar o teste e podermos ver o resultado, crie a classe RG em outro *package*. Por enquanto não vamos implementar nada nesta classe, exceto fazer esse projeto compilar.

```
public class RG {
public boolean isValidaRG(String rg){
return false;   }
```

Terceiro Passo
Agora vamos rodar o *RGTest* e ver o resultado e, como já sabemos, receber uma *red bar* é o esperado:

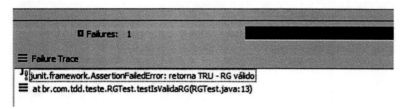

Figura 49: Rodando teste para *RGTest* - Falhando

O motivo da falha é que o método *isValidaRG (String rg)* sempre retorna *false*, então nem todos os testes passaram.

Quarto Passo
Agora que vem uma das partes mais divertidas, que é fazer o código funcionar, ou seja, resolver o problema de validação do RG. A minha implementação mais simples e que me fez sair da barra vermelha o mais cedo possível foi a seguinte (lembre-se do ciclo de *TDD*, não pense em *refactoring* por agora, apenas saia do vermelho para o verde. É como uma conta bancária: o desejo de sair do vermelho o quanto antes é o objetivo).

```
public boolean isValidaRG(String rg){
if((rg == null)||(rg.length()!=11)||(rg.isEmpty())||rg.charAt(8)!= '-'){
return false;
}//fim do if
return true;}
```

Vamos rodar os testes novamente e ver se esta solução resolve?

Figura 50: Rodando teste para *RGTest* - Passando

Que lindo ver essa barra verde!!! (você precisa acreditar que ela é verde, infelizmente não deu para imprimir essa obra colorida, preferi evitar que o valor final ficasse com um preço elevado). Quando acontecer isso, pode levantar os braços e dar um grito, da mesma forma que você comemora um gol do seu time preferido \o/. Agora vem uma pergunta: você consegue ver algum *bug*? Se for passado um RG com letras, o que acontece? Os testes continuam passando? Se sim, por quê? Veremos a seguir, mas tente responder as perguntas antes de ir para o próximo tópico e veja que a técnica de *TDD* faz você pensar em vários contextos. Claro, você poderia já ter isso em mente por sua experiência e ser óbvio (nesse caso), mas o que quero ressaltar aqui é que com *TDD* sempre caímos em um ciclo de perguntas sobre o que estamos querendo resolver.

Quinto Passo
Identificamos um *bug* no nosso código, ainda bem que fomos nós e não o cliente. Se você testou passando um RG com letras, vai ver que os testes passam normalmente, isso porque no início não implementamos esse contexto. E é aqui que tem uma interpretação equivocada sobre *TDD*, onde algumas pessoas dizem: *"ué, TDD não deveria ter pegado isso? Coisa básica."*. Aí eu pergunto: como? Se *TDD* não te diz que tipo de testes deve ter, a falha aqui foi do desenvolvedor que não criou um teste para um cenário inválido; se ele tivesse criado, o código não estaria *buggado*. Antes de querer escrever a solução para o *bug*, pare um pouco e respire. O que devo fazer primeiro? *Unit test*. Pois é, não se esqueça disso, sempre *unit test* primeiro cobrindo o problema identificado e o código funcional terá que resolver e quando isso acontecer seu teste ficará verde.

```
assertTrue(validarg.isValidaRG("abcdefgh-ij"));
```

Sexto passo
Se preferir pode fazer como fiz, criei um método específico para validar RG com letras veja:

```
//criando um novo método para testar letras
public void testIsValidaRGLetras(){
assertFalse("retorna FALSE - inválido letras RG",
validarg.isValidaRG("ABCDEFGH-IJ"));
assertFalse("retorna FALSE - Inválido letras RG",
validarg.isValidaRG("G3X8Xopa-22"));}
```

Certamente o resultado será como o da imagem a seguir:

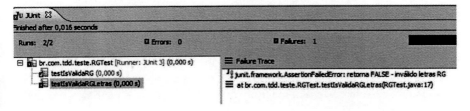

Figura 51: Validando RG - Falhando

Sétimo Passo
Agora vamos desenvolver no código funcional (bem que ele deveria ser refatorado, está muito feio).

```java
public boolean isValidaRG(String rg){
if((rg == null)||(rg.length()!=11)||(rg.isEmpty())||rg.charAt(8)!= '-'){
    return false;
    }//fim do if
    for (int i = 0; i < rg.length(); i++) {
        if(i!=8){
            char posicao = rg.charAt(i);
            //se nao for um digito retorne false
            if(!Character.isDigit(posicao)){
            return false;
            }
        }
    }
    return true;
}
```

Resultado:

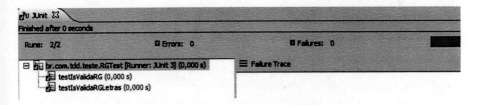

Figura 52: Validando RG - *Test Passed*

Não é dos melhores códigos, porém resolve o problema de validação de RG com letras. E agora, qual seria o próximo passo? Fazer o *refactoring* no código. Lembre-se que a técnica de *refactoring* se aplica em código funcionando e não em código quebrado. Após a refatoração o sinal verde ainda vai existir, já que *refactoring* não muda o comportamento do sistema. Como o objetivo deste tópico foi mostrar a mecânica de *TDD* e como você deve pensar nos seus testes antes até de escrever a sua primeira linha de código, acredito que atingimos o objetivo. Eu recomendaria que você repetisse se quiser entender novamente cada passo e também criar mais testes caso identifique, pois só aprendemos e consolidamos praticando.

A seguir...

Na próxima página, resolvi separar um momento exclusivo para explicar como elaborei as atividades práticas do livro e a forma que eu encontrei para explicar *TDD* de modo prático para quem nunca utilizou a técnica, mas tem uma grande motivação em aprender, pois já deve ter lido ou assistido alguma palestra onde o *TDD* era abordado como a forma mais imediata de entregar algo próximo de zero *bugs*, já que o desenvolvimento é guiado pelos testes. Para adiantar, a forma que faremos os exercícios para praticar *TDD* será bem diferente do que estamos acostumados em alguns livros técnicos. O motivo é que busquei deixar você com desafio e ir superando a cada exercício. Os níveis vão mudando e, como todo inicio, deve ser algo "fácil" que não gere trauma o o assuste e faça desistir (não é isso que quero), pelo contrário, ao término de todos os exercícios espero que você esteja fazendo *TDD "com os pés nas costas"*. Enfim, vamos nos encontrar mais na frente e poderei explicar com mais detalhes.

Test Driven Development TDD
Na Prática

Enfim chegamos ao capítulo mais desejado por você, afinal de contas se comprou este livro é porque deseja aprender *TDD* praticando e, partindo desse princípio, eu tenho uma notícia boa e uma ruim para dar. Como todos preferem a ruim primeiro, então vamos para ela. A notícia ruim é que eu não vou dizer a você como resolver os problemas que vai encontrar aqui, apenas direi o que espero que seja resolvido e ai teremos um desafio sendo lançado. O ruim disso é que alguns leitores podem estar acostumados com outros livros técnicos, onde o autor dá a resposta em algumas páginas depois do exercício. Como eu fiz diferente, acredito que muitos não irão gostar por tornar um pouco mais difícil (no futuro talvez isso o faça diferente dos demais). A notícia boa é que no inicio eu vou ajudar você com *TDD*. Praticamente farei o trabalho mais chato e deixarei você fazendo a parte mais leve. Isso é por que eu sou bonzinho? Claro que não, isso é por experiência própria. Muitos desistem de usar *TDD* por que no início querem que a cultura entre de vez na forma de programar, mas nem sempre é assim. Se você programa por muito tempo e já trabalhou em diversas linguagens, sabe o quanto é difícil ir para o novo, pois seu cérebro está acostumado em outro ambiente. E como passei por isso, o que aprendi foi que no inicio precisamos dar passos curtos e não sermos arrojados (em querer tudo de vez no menor tempo), então faremos o que chamei de "migração" lentamente, com alguns exercícios para que você vá entendendo a técnica, ver como fiz, resolver o problema e implementar mais alguns testes. Porém chegará um momento (que não vai demorar muito) onde eu estarei com a menor participação na parte de desenvolvimento e deixarei você "quebrando a cabeça".

Como iremos praticar?

A seguir estarei explicando como vamos praticar *TDD*, onde meu objetivo é fazer com que você saia desse capítulo *desenvolvendo suas aplicações guiadas por testes*.

Requisitos

Se você não leu o livro em sequência e veio direto para este capítulo, o único requisito é saber criar *unit test*es com o *JUNIT*. Caso não tenha nenhum conhecimento, terá que ir até o capítulo de *JUNIT* e aprender um pouco, depois você retorna para este. Caso contrário, não entenderá muito o que faremos aqui e as chances de ficar confuso são grandes.

Como funciona?

É muito simples. Eu dividi em duas partes, sendo a primeira para quem quer dar os primeiros passos (esta aqui é bem leve diante do que nos espera na parte II). Estarei de fato ajudando você a escrever e pensar na técnica de *TDD*. No início eu assumo o comando de escrever alguns testes e reforço como você deve resolver os exercícios. Isso para você buscar certo conforto na prática de resolver os exercícios e atingir os requisitos que estou pedindo. Se você já fez algo usando *TDD*, nem que seja um "*Hello world*" terá uma afinidade com o "esqueleto" dos exercícios; agora, se é completamente novo, terá um desconforto que faz parte do processo de aprendizado, apenas confie em mim e verá que há uma luz no final do túnel. A dica que dou é seguir o que estou pedindo inicialmente, evite querer fazer algo mais complexo ou tentar fazer algo fora do escopo, algo do tipo: *"e com banco de dados, como eu faria esse exercício?"*. Mantenha a calma e controle sua ansiedade, pois ela pode atrasar seu aprendizado. Vá por mim.

O que você terá que fazer, como já disse, é muito simples. Teremos um problema e vamos escrever alguns *unit tests* buscando resolvê-los.

Na parte I: Já **teremos alguns *unit tests* escritos** e seu trabalho é fazer o código funcional e ir fazendo cada *unit test*e escrito passar. **Você não pode alterar o *unit test*.** Olhe para ele e aprenda como foi escrito. O seu aprendizado agora é desenvolver código funcional com base no *unit test* que tem. O exercício termina quando todos os *unit test*es estão passando. Você pode adicionar até mais *unit test*, caso pense em algum cenário, porém isso somente depois que concluir com os iniciais.

Nota: Nesta parte, pense como se você tivesse recebido o problema de outro desenvolvedor que infelizmente não poderá concluir por algum motivo e o máximo que ele conseguiu fazer foram os *unit tests* que estamos entregando a você. Esse é o cenário que estamos transmitindo nessa Parte I.

Na Parte II: Aqui já saímos do "berço", concorda? Então a minha participação em escrita de código *Java* será menor e você foi promovido para piloto e eu rebaixado para copiloto (depender do tipo do voo eu sou até comissário de bordo, ou seja, nem posso dar palpite). Para praticar, sempre teremos um problema a ser resolvido, eu vou escrever a lista *"TO-DO"* (em alguns momentos) com os testes que pensei que inicialmente resolvessem o problema, se você quiser pode adicionar mais testes na lista sinta-se à vontade para fazê-lo. Se tiver dúvida da mecânica, veja no tópico *"Como eu faço*

TDD". Lá eu abordei como eu lido com a lista "TO-DO". A grande diferença entre a Parte I e Parte II está na forma de resolver. Aqui a minha participação vai alternando com base nos exercícios. Fiz isso para não ficar sempre a mesma coisa e se tornar chato, há alguns momentos que não resisti e escrevi alguns testes e deixei os outros para você terminar e como não sou bobo, resolvi os mais fáceis ;).

Como resolver?

Realmente não sei como será resolvido, esse será o seu papel: "resolver problemas". Mas o que você precisa é entender o problema, fazer os testes já criados ficarem verdes (na Parte I) e criar novos, se achar necessário. O código funcional é por sua conta. Ah, há exercícios nos quais não temos *unit tests* definido no esqueleto, então você terá que pensar neles e ir colocando na lista "TO-DO".

Os níveis dos Labs?

Para ser sincero, os exercícios nasceram com naturalidade, nenhum foi criado em um escopo fechado de nível, apenas vieram e eu fui anotando as idéias e isso nem sempre foi quando estava na frente do computador. Na maioria das vezes, fazendo uma caminhada, tomando uma cerveja na sexta-feira com os amigos (alguns *nerds*),etc. Mas, conforme já mencionei, os primeiros (o da parte I) serão mais "fáceis", pois é o momento de adaptação; os demais são aleatórios e o que pode ser fácil pra mim, é muito difícil para você e o inverso também é válido.

Lab Complementar

Esses aqui são como um meio de revisar o que estamos aprendendo. Normalmente é um problema diferente ou similar ao que vimos, porém agora você vai resolver sozinho e é esperado que tenha dificuldade no inicio, pois é nessa dificuldade que adquirimos o que queremos: "o conhecimento com experiência".

Os exercícios serão chamados de Lab

Ao invés de chamar os exercícios de "exercício", preferi chamar de **"Lab"** (abreviação de Laboratório). Não sei o porquê, mas não me senti confortável em chamar de exercício, eu achei que tinha mais relação com Lab, pois veio uma pergunta: o que fazemos em um Laboratório? Pesquisamos, estudamos e buscamos resolver problemas. E é nisso que se resume os nossos Labs você certamente terá que fazer uma pesquisa para resolver o problema, ir à *API* do *Java* (*JavaDoc*), estudar um pouco de *refactoring*, *Googlar*, ver o "*Catalog Refactoring*" e descobrir qual melhor adotar, etc (eu avisei que seria um livro diferente, não foi?). Então é um conjunto de aprendizado e não apenas resolver os problemas de qualquer forma. Você pode até fazer e deixar de qualquer forma, mas eles não foram pensados assim, o pensamento veio com um alinhamento com base no mercado, nenhum cliente aceita qualquer coisa, ele sempre quer o melhor e você, como um bom profissional, vai buscar sempre entregar o melhor, independente do que esteja fazendo. Pense nisso quando estiver resolvendo os Labs.

O que você não tem que ficar preocupado?

É comum, mas você não pode ficar preocupado sobre como uma determinada aplicação vai interagir com o usuário, ou seja, se será da pior forma via *prompt* de comando ou com uma GUI atraente, então, ao criar suas soluções, evite criar esse vínculo, sem falar que seus testes devem executar de forma automática, assumindo que o método recebeu o valor X e vai retornar o valor esperado Y. Sendo assim, nenhum dos testes deve ficar parado esperando uma entrada de dados para poder prosseguir. Essa é uma das falhas que normalmente é cometida por iniciantes *TDD* (não fique preocupado, eu também cometi e por isso está aqui no livro).

Vamos começar?

Acho que já está bom de papo e agora vamos meter mão na massa e fazer aquilo que todos desenvolvedores amam: codificar. Encontro com você na parte I.

Praticando *TDD*
Parte I (PI)

Como já discutido, nesta parte I será mais um momento de aprendizado com meu apoio, e com o avanço, a cada exercício vou deixando você caminhar sozinho, portanto não se preocupe em ter o esqueleto do exercício pronto nesta fase, pois o primeiro passo é você começar a pegar o ritmo de como fazer *TDD*, ver como alguns exercícios foram resolvidos e começar a mudar sua forma de codificação aos poucos. Porém sinto lhe dizer que esse pouco não vai passar de 2-3 exercícios e daí em diante vou deixar você pilotar a aeronave e sempre que achar necessário dou um palpite, mas não espere minha forte participação como teremos nesse primeiro momento. Outro detalhe importante que omiti nesta parte do livro foi a parte básica de criar um projeto *Java* no *Eclipse*, importar o *JUnit*, etc. Acredito que você já saiba fazer isso, uma vez que seu objetivo é aprender *TDD*, então *unit test* não é algo novo pra você. Caso seja, terá que ir para o capítulo de *JUnit*. Vamos deixar o papo de lado, que o primeiro exercício, oops, Lab está nos esperando na página a seguir.

Favor, não esquecer:

    1. Esteja certo que seu ambiente de desenvolvimento está pronto para trabalhar;

    2. Crie os projetos *Java Application* (se quiser pode usar o mesmo nome que utilizei. Eu recomendaria apenas adicionar *LabNro (o número do Lab)*, assim você saberá qual é o seu e qual é o do livro, quando tiver muitos poderá ficar perdido).

    3. Enquanto estiver trabalhando no Lab esqueça as resoluções fornecidas no livro, eu diria que você nem deve lembrar que elas existem;

    4. Evite copiar e colar código e escreva de fato como aparecem nos Labs; só aprende praticando;

    5. Não fazer seus testes usar entradas via *prompt* de comando, ou seja, eles devem rodar de forma automática sem precisar de intervenção do usuário.

Nota: Eu fiquei preocupado e não poderia deixar essa observação de lado. Tudo será muito seco, só código mesmo. Isso porque você precisa pegar a mecânica de programar orientado a testes fazendo na mão grande. Mais na frente vamos aprimorando e usaremos os benefícios que as *IDEs* tem e otimiza um tempinho nosso. Tudo bem? Quero me certificar que você está ciente disso.

Lab 1: Pagamentos de Faturas

O objetivo deste Lab é saber quando uma determinada fatura foi paga: antes, no dia ou após o vencimento?

Contexto
Dado uma data de vencimento e uma data de pagamento, informar se o pagamento foi feito em dia ou se foi feito com atraso, se positivo, quantos dias?

Desenvolvimento
A seguir temos os *unit tests* criados para o Lab, que chamamos de esqueleto.

Unit test : Não o altere, pois é aqui que está o seu desafio e onde vai começar aprender de fato.

```java
//imports foram omitidos
public class FaturaTest {
@Test
public void verificaPgtoAtrasado() throws ParseException {
assertEquals("Pgto feito com atraso de 5 dias", new
Fatura().verificaPgto("25/11/2010","30/11/2010"));
assertEquals("Pgto feito com atraso de 30 dias",new
Fatura().verificaPgto("10/04/2011","10/05/2011"));
}
@Test
public void pgtoEmDias() throws ParseException {
assertEquals("Pgto feito em dias",new Fatura().verificaPgto("01/11/2010",
"01/11/2010"));
}
@Test
public void pgtoEmUmDiaAtrasado() throws ParseException {
assertEquals("Pgto feito com atraso de 1 dia", new
Fatura().verificaPgto("27/12/2010","28/12/2010"));
}}
```

Código Funcional: Agora a brincadeira será com você. Espero que se divirta fazendo o código funcionar.

Temos apenas isso:

```java
public class Fatura {
}
```

Certamente esse código nem compila, porque os métodos não foram criados na classe funcional.

Seu Trabalho
Agora o seu primeiro trabalho é fazer esse projeto compilar (não é o mesmo que fazer os testes ficarem verdes, parece ser óbvio isso, mas iniciantes com *TDD* fazem confusão).

Já está compilando? Então acredito que os seus testes estejam todos vermelhos. Faça-os ficarem verdes.

 Nota: De novo, não altere os *unit tests*. Você não tem permissão para isso por enquanto, tem que fazer compilar com as informações que estão ali, certo? Esse é seu desafio para se tornar um bom piloto.

Nome do Projeto: *emissaoBoletos*.

Caso tenha baixado o nosso código-fonte, esse é o projeto com a resolução.

Terminou?
Como saber se terminei? Os *unit tests* dirão isso para você. Enquanto tiver a barra vermelha é porque tem trabalho a ser feito. Ficou tudo verde? Lab completo. Parabéns!! Você concluiu seu primeiro Lab rumo ao mundo *TDD*. Claro, estou considerando que você não alterou os *Unit tests*. Agora você tem duas opções: ir para o próximo ou criar mais testes. Se você se sentir confortável, pratique *refactoring*. Vejo você no próximo Lab.

Lab 2: Prazo de Entrega

O objetivo deste Lab é saber o prazo de entrega a partir da informação da origem e destino.

Contexto
O usuário informa o estado de origem e o destino.

Desenvolvimento
Chegou a hora de colocar a mão na massa, então a seguir temos os testes que foram criados para o contexto definido anteriormente.

Unit test

```java
public class FreteTeste {
@Test
public void testPrazoEntregaLocal(){
assertEquals("Entrega em 5 dias", new Frete().prazoDestino("SP", "sp"));
}
@Test
public void testPrazoEntregaForaEstado(){
assertEquals("Entrega em 15 dias", new Frete().prazoDestino("BA", "SP"));
}
}
```

Código Funcional

```java
public class Frete {
}
```

Seu Trabalho
Coloquei esse tópico para seguir o padrão do livro; quando não encontrar mais ele, é porque já assumi que você já deve estar acostumado como fazer seu trabalho e não precisa mais de minha ajuda em dizer o que você deve fazer.

Nome do Projeto *PrazoEntrega*

É o nome do projeto com a resolução.

Terminou?

Se chegou até aqui é porque fez um bom trabalho e eu consigo até imaginar o sorriso no seu rosto :). Se não foi tão feliz, a dica é: repita e veja onde faltou um pouco de atenção. Você pode até desanimar, mas desistir, jamais.

Achou o problema?

Encontrou um problema nessa aplicação? Acredito que você não encontrou apenas um, mas sim vários problemas. Vou listar alguns para motorizar o cérebro e você vai criando mais, e sugiro fortemente que você crie *unit tests* primeiro e resolvê-los. Mais uma forma complementar para brincar com *TDD*. Então montei perguntas para que você monte os testes (se sentir confortável, faça a lista *TO-DO*).

> 1. Não validar se o que está sendo digitado de fato faz parte dos estados brasileiros;
>
> 2. Se eu digitar rio de janeiro e SP, o que acontece? É válido esse tipo de informação?
>
> 3. Quais combinações são válidas: SP, sp, são Paulo, são paulo?
>
> 4. Se não informar a origem ou destino, o que acontece?
>
> 5. E se os campos de origem/destino forem nulos?

É nessa linha que você vai montando sua lista de testes primeiro e buscando resolver o problema e por consequência evitar possíveis *bugs*. Claro que nem sempre você vai pegar tudo de vez, mas quanto mais praticar mais fácil consegue pensar nas perguntas que *"bugariam"* sua aplicação.

Lab 2.1: Produto Frete

Quando ia escrevendo o Lab anterior veio a ideia de fazer este aqui para complementar e dar a oportunidade de você poder brincar um pouco mais. Neste Lab, vamos usar o trabalho que você fez para cálculo de frete, porém vamos usar isso para produtos específicos. Neste caso, serão livros. Vamos calcular o valor do frete para o cliente. Digo que teremos um pouco mais de trabalho deixando seu dia de estudo mais divertido.

Contexto

O usuário vai informar os livros que estão sendo comprados, informando o titulo e o peso do livro em KG (talvez tenhamos o problema aqui. Acho que você já imaginou, mas fica como trabalho extra para você resolver como opcional após o término, certo?). O local de origem e destino também devem ser informados (neste caso apenas a sigla do estado é o suficiente). O retorno são o valor e o prazo de entrega.

Unit test

A seguir, os *unit tests* que você terá que fazer ficarem verdes. A vontade de você querer alterar esse teste é grande para um resultado mais legal ou ideal. Mas não altere, por favor. Tente fazer passar da forma que foi escrito. Lembre-se: é um código legado e você acabou de entrar no projeto, não tem muita opção além de fazer as coisas funcionarem como estão. Em outro momento (Parte II) alguém vai te dar a oportunidade de escrever código novo e melhor que esse.

Capítulo 6 - Test Driven Development TDD | 87

```java
//imports omitidos
public class ProdutoTest {
@Test
public void testCalculaFreteLivroLocalmente() {
LinkedHashSet<Produto> cestaLivro = new LinkedHashSet<Produto>();
cestaLivro.add(new Produto(0, "Guia do exame SCJP", 1));
assertEquals("24 Entrega em 5 dias", new Produto().checkout(cestaLivro, "SP", "SP"));
}
@Test
public void testCalculaFreteLocalDiferente() {
LinkedHashSet<Produto> cestaLivro = new LinkedHashSet<Produto>();
cestaLivro.add(new Produto(0, "Guia do exame SCJP", 1));
cestaLivro.add(new Produto(1, "Dominando Hibernate", 2)); assertEquals("62
Entrega em 15 dias",new Produto().checkout(cestaLivro, "BA", "SP"));
}
@Test
public void testCaculaFreteMenosUmKg() {
LinkedHashSet<Produto> cestaLivro = new LinkedHashSet<Produto>();
cestaLivro.add(new Produto(0, "Guia do exame SCJP", 0.500));
assertEquals("24 Entrega em 5 dias", new Produto().checkout(cestaLivro,"SP", "SP"));
}
@Test
public void testCalculaMaisUmKg() {
LinkedHashSet<Produto> cestaLivro = new LinkedHashSet<Produto>();
cestaLivro.add(new Produto(0, "Guia do exame SCJP", 1));
cestaLivro.add(new Produto(1, "Dominando Hibernate", 2));
cestaLivro.add(new Produto(3, "TomCat Administrador", 1));
cestaLivro.add(new Produto(4, "Core JSF 2.0", 1));
cestaLivro.add(new Produto(5, "Certificação LPI", 1));
assertEquals(" Entrega em 5 dias",new Produto().checkout(cestaLivro, "RJ", "rj"));
}}
```

Código Funcional

```java
public class Produto {
//só tem isso para você =/
}
```

Seu Trabalho
Boa sorte!

Nome do Projeto: *LivroFrete*

Terminou?
Amém! \o/(nada religioso)

Lab 3: Embalagem

Esta aplicação é um pouco parecida com as demais que já fizemos sobre cálculo de frete, porém aqui o usuário apenas vai informar o peso do produto e o sistema terá que escolher o tipo de embalagem adequada com base no peso e retornar o prazo de entrega, com base na origem e destino. O valor da entrega será a soma do valor do frete com o tipo de embalagem. Pensei em trazer cenários parecidos, não para aumentar o número de Labs no livro, e sim para que você, desenvolvedor, perceba que às vezes terá cenários na vida real muito próximo, porém a forma que vai resolver o problema será diferente e que copiar e colar trechos de outro lugar não ajuda na maioria das vezes e o que vale de fato é você pensar no problema e encontrar a solução com experiência adquirida em outro cenário similar. É assim que funciona no dia a dia e eu quis trazer isso no livro.

Unit test:
Isso é o que temos para trabalhar.

```java
public class EmbalagemTest {
@Test
public void testCalcularFreteAcimaUmKg(){
assertEquals("Valor do Frete: ",new BigDecimal(62),new
Embalagem().calculoPreco(3));
}
@Test
public void testCalculaFreteAteUmKg(){
assertEquals("Valor do Frete: ",new BigDecimal(24), new
Embalagem().calculoPreco(1));
}
@Test
public void testPrazoEntregaLocal(){
assertEquals("Entrega em 5 dias", new
Embalagem().prazoDestino("SP", "sp"));
}
@Test
public void testPrazoEntregaForaEstado(){
assertEquals("Entrega em 15 dias", new
Embalagem().prazoDestino("BA", "SP");}}
```

Código Funcional

```java
public Embalagem() {
}
```

Nome do Projeto: *Embalagem*

Terminou?
Acredito que tenha visto o sinal verde dizendo: *"podemos ir para o próximo Lab"*, mas você já percebeu os problemas existentes nessa aplicação, né? Uma delas é a falta de algumas validações. Sinta-se à vontade em fazê-las, adicionando mais testes primeiro e fazendo o sinal ficar verde novamente.

Conclusão

Chegamos ao final da Parte I, praticando *TDD*. Espero que tenha gostado desta primeira parte e a forma que praticamos os *Labs* tenha contribuído para entender a mecânica de *TDD* (nesse primeiro momento). Parece que foi rápido e curto, mas eu diria que essa primeira parte é tão longa quanto você praticar. Se ficou limitado apenas ao código que forneci, realmente será um tópico rápido de passar, mas se foi além, pensou em mais testes, quebrou mais *unit tests* e fez voltar a barra verde com novas implementações, certamente levou bastante tempo em cada Lab, e isso que faz a diferença para aprimorar e ficar bem afiado com a técnica de *TDD*. Só praticando de verdade é que se aprende. Se você se sente confortável em ir para nossa Parte II que é mais desafiador, vá adiante. Eu estou esperando você lá.

Praticando *TDD*
Parte II (PII)

Fico muito feliz em saber que você sobreviveu à parte I, superou suas dificuldades e a chatice (preciso ser sincero, pois também senti isso no inicio) que é programar com *TDD* para quem está iniciando. Tenho que admitir isso. Realmente é estranho e chato, mas os benefícios superam qualquer coisa e hoje não consigo mais programar de maneira confortável sem usar *TDD*. Agora você está pronto para ser o piloto e comandar o trabalho que teremos a seguir. Como já disse mais cedo, na parte II você fará *TDD* sozinho com base no que leu e no que vem praticando no processo de adaptação ao mundo guiado por testes. Sendo assim, terá que criar sua lista *TO-DO*, escrever os testes primeiro, sair da barra vermelha da sua tela e ir para a verde e no final refatorar o código. Vale lembrar que nessa parte você não vai receber detalhe específico do que é esperado como solução, você, como desenvolvedor, terá que entender o problema e validar se a sua solução realmente resolve o problema do cliente. Ah, quase esqueço, peço que me desculpe, caso eu apareça dando alguns palpites, é que não resisti, mas farei o possível para me controlar.

O que você pode e não pode fazer:

> 1. Escrever o código funcional primeiro, isso não. Nem pensar :).Tire isso da sua vida, pois não te pertence mais.
>
> 2. "Pescar"- é normal você voltar e pescar como foram feitos os códigos dos trabalhos anteriores e escrever o seu. Isso faz parte enquanto ainda estamos inseguros em como escrever os testes primeiro, porém a boa notícia é que isso é passageiro, quando menos esperar estará escrevendo os testes primeiro com uma naturalidade que nem vai acreditar. Como dizem: *"escrevendo com os pés nas costas"*

Qual a diferença da parte II para parte I?

Hum, se você pulou os primeiros tópicos do livro, certamente não viu como ele foi estruturado e o motivo que temos Parte I e II. Que tal voltar rapidinho lá e tirar essa dúvida?

 Note: De novo, não olhe a resolução antes de concluir a sua. Quebre a cabeça, o mouse, o teclado, mas não olhe o exemplo do livro. Acredite, no futuro você será muito mais feliz por não ter feito isso antes de ter resolvido seu código.

Lab PII: *E-Mail*

O objetivo é verificar se o *e-mail* que foi passado por um usuário é válido ou não. A validação nesse caso está limitada à formatação.

Seu Trabalho
O seu trabalho agora é criar sua lista *TO-DO*. Acredito que essa sua primeira lista oficial (até porque não fizemos nenhuma antes daqui) vai sair com um pouco de dificuldade, caso seja a primeira vez que esteja fazendo uma. Lembre-se: não há modo correto de como escrever a lista *"TO-DO"*, você põe ali algo legível e que entenda de fato e faça sentido, ou como você queria que um teste fosse escrito para testar a situação.

TO-DO
Veja o que eu consegui escrever. Observe que fui colocando aleatoriamente e escrevi também de uma forma que EU achei claro pra mim e que conseguia escrever um teste para aquilo. Não adicionei enumeração porque não há ordem de execução, vou implementando pelo mais fácil e menos complexo. Claro que não temos todas as validações, na lista a seguir vou deixar você adicionar as suas.

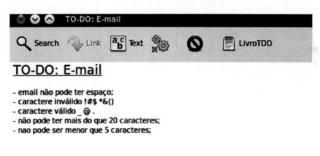

Figura 53: Lista *TO-DO E-mail*

 Dica: Se tiver usando o *Ubuntu*, quando estiver programando não se esqueça de prender o seu *post-it* do lado do *Eclipse*, como vimos no tópico *"Como eu faço TDD"*. Outra dica, pesquise por *regex* para resolver o problema.

Desenvolvimento

E agora o que eu tenho para desenvolver? Não sei. Você que vai descobrir com base na sua lista *TO-DO*. Crie seu projeto, seu *unit test*, organize seus *packages* e comece a programar. Na Parte I, lembra que eu dava o código de *unit test*? Agora a moleza acabou. É com você. Transforme sua lista *TO-DO* em *unit test* e código funcional, é aí que está o desafio e aprendizado.

Nome do Projeto: *Email*

Terminou

Vamos respirar, ufa! É um alívio passar pelo primeiro problema usando *TDD*, não é? Ainda mais sem apoio de alguém. Quando conseguimos sozinho, a emoção, felicidade e satisfação são imensas, concorda? Parabéns, você está no caminho certo, superando os seus desafios. Nos encontraremos no próximo problema.

LabPII: Empréstimo Bancário

Partindo de uma renda mensal, definir o limite de empréstimo bancário para um determinado cliente. Os clientes que ganham de 1 até 2 salários mínimos terão como limite de empréstimo o dobro do valor da renda informada. Quando o cliente tenta pegar um empréstimo maior do que o limite disponível, esse é negado. Do contrário, o valor é concedido e o saldo disponível para empréstimo é atualizado. Caso o usuário faça amortização ou quitação da dívida, o saldo deve ser atualizado.

Seu Trabalho
Tente resolver esse problema. Infelizmente nosso cliente não tem mais informações do que as que descrevemos acima. Você vai precisar pensar em todos os casos válidos e inválidos nesse tipo de negócio para escrever na sua lista *TO-DO*. A única informação que temos mesmo é que as duas casas decimais são importantes, pois isso faz toda diferença para o sistema bancário. Não esqueça que seus cálculos devem lidar bem com a precisão decimal.

TO-DO

Figura 54: Lista *TO-DO* Empréstimo Bancário

Nome do Projeto: EmprestimoBancario

Lab PII: Idade

Esta aplicação é simples, o objetivo é calcular e descobrir a idade do usuário a partir do ano de nascimento informado. Bem simples, não? Mas a idéia aqui é que você aprenda como manipular datas e criar seus testes para que cubra esse cenário (trabalhar com datas sempre é um estresse, mas no final, nós desenvolvedores gostamos, nos sentimos desafiados, aliás eu curto isso). Como opcional, você pode ir um pouco mais além e retornar a idade não somente baseado no ano, e sim no dia e mês que foi fornecido. Exemplo: uma pessoa que nasceu dia 09 de março do ano X, até dia 08 de Março essa pessoa tem uma idade Y. Apenas no dia 9 é que ela de fato completa mais um ano. "Camilo tem 23 anos e 92 dias". Claro que no mundo real não nos comunicamos assim, mas há aplicações que precisam dessa informação. Um exemplo seria alguns tipos de negócios que não permitem acesso para menores de 18 anos e nesse caso é necessário verificar exatamente quantos anos e dias o usuário tem.

Seu Trabalho
Resolva o problema inicial, que é identificar a idade do usuário, escreva os testes, prepare a lista TO-DO e em seguida, eu no seu lugar faria a parte opcional.

TO-DO

Figura 55: Lista *TO-DO* Idade

Nome do Projeto: Idade

Detalhe importante para esse projeto: ao rodá-lo, certamente os testes quebrarão. O motivo é bem simples, gostaria que você verificasse e resolvesse. Mas antes, veja como ficou o meu código funcional para resolver o problema. O fato dos testes falharem foi proposital por experiência, já cometi esse erro quando trabalhei com Data e não fiz testes automatizados.

Lab PII: Consumo Elétrico

O objetivo desta aplicação é saber o consumo elétrico em R$ de um determinado aparelho com base na potência. Sabemos que o valor kW/h varia de acordo com cada cidade/estado, sendo assim deve-se informar quanto custa cada kW/h. O usuário pode informar 1 ou mais produtos para serem calculados de uma só vez, ou seja, ele traz uma lista de produtos que gostaria de saber o custo que ele terá por hora quando o produto estiver ligado.

Seu Trabalho
Eu recomendaria você pegar a conta de luz da sua casa e verificar quanto você paga por kW/hr e usar como exemplo e ainda ia um pouco mais além. Olharia a potência dos eletrodomésticos que você tem em casa para saber o quanto eles consomem por hr. Caso bem real, não? Então prepare sua lista *TO-DO*. O cálculo para saber quantos kWh um produto consome ficando X horas ligado é o seguinte:

$$potencia\_watts / 1000 \times horas\_consumo = kWh$$

TO-DO

Figura 56: Lista *TO-DO* Consumo Elétrico

Nome do Projeto: ConsumoElétrico*Big*

Há uma solução com *double* para que você possa comparar.

LabPII: Extenso

A aplicação é muito simples: o usuário vai digitar um valor monetário (R$) e a aplicação vai converter por extenso na moeda real.

Seu Trabalho
Esse é um divertido Lab no qual você aprende a usar muitos recursos do *Java* e outras técnicas de boas práticas de desenvolvimento que veremos mais na frente. Até agora eu estou resistindo à tentação de não ajudar você na lista *TO-DO* e espero continuar assim. Um trabalho extra e opcional era você internacionalizar essa aplicação, ou seja, o valor por extenso ia ser com base na moeda monetária que foi passada, dólar, euro etc.

TO-DO

Figura 57: Lista *TO-DO* Extenso

Nome do Projeto: Extenso

 Nota: Devo confessar uma coisa para você: eu não lembro quando fiz essa aplicação, tem muito tempo, e ela entrou na reta final de quando eu pensava nos exercício e estava procurando outra coisa no computador e caí nela sem querer. O código que temos como resolução é muito ruim, nem eu consegui entender claramente algumas coisas. Mas foi muito bom encontrar esse projeto perdido no meu computador (eu acho que foi na época da faculdade), pois será uma oportunidade para o capítulo de *refactoring*. Quando você chegar lá, conversaremos melhor e vai entender o motivo.

Lab PII: CPF

Certamente você já precisou digitar seu CPF em alguma aplicação. O objetivo deste Lab é poder validar se o número do CPF digitado é válido ou não. O CPF possui uma fórmula para ser gerada, então com base nessa formula é possível dizer se o número do CPF segue os critérios da receita federal ou não. Sendo assim, o usuário vai digitar o número de um CPF e você terá que validar e retornar uma mensagem informando se é válido ou não.

 Nota: quando falo CPF válido não quer dizer que ele pertence a alguma pessoa e sim que poderia ser um número válido para ser um CPF com base na fórmula fornecida pela receita federal.

Cálculo CPF
Recomendo você acessar o *Google* e pesquisar por "entenda fórmula CPF".

Seu Trabalho
Agora é com você. Desenvolva uma aplicação que valide o CPF. Nesse caso, o usuário vai digitar incluindo os separadores. Outra atividade é criar uma exceção especifica para quando o CPF for inválido lançarmos uma exceção *CPFFormatException*.

TO-DO

Figura 58: Lista *TO-DO* CPF

Nome do Projeto: CPF

LabPII: Investimento

Este *Lab* tem como objetivo criar uma aplicação capaz de informar ao usuário o valor do resgate partindo de um capital inicial sobre a correção do percentual dos juros com base no tempo investido em meses.

Seu Trabalho
Crie uma aplicação que atenda aos requisitos acima. Certamente você vai encontrar um problema ou um requisito faltando nessa aplicação. Identifique-o e adicione na sua lista *TO-DO*, talvez você só vá encontrar durante o desenvolvimento.

TO-DO

Figura 59: Lista *TO-DO* Investimento

Nome do Projeto: Investimento

Conclusão

Enfim chegamos ao final do capítulo de *TDD*. Espero que você tenha aprendido como escrever primeiro os testes e depois o código funcional. Esse era o nosso objetivo neste capítulo com os Labs apresentados. A ideia, como sempre foi, é mostrar a mecânica e que você conseguisse pensar nos testes antes de tudo. Se não reparou, quando você faz a lista *TO-DO*, ali já é *TDD*, pois o que é essa lista? Simplesmente as coisas que você quer validar na sua aplicação. Talvez você ache que os Labs foram muito simples. Eu também acharia se tivesse começando agora com *TDD*. Mas o que aprendi é que a melhor forma de usar técnicas como *TDD* e *Refactoring*, por exemplo, são com as coisas mais simples; não adianta querer complicar o que é simples. A experiência vem com prática e exposição. Eu diria que se você repetir todos os exercícios de *TDD* fará tudo diferente, criará outros tipos de testes e verá que o resultado é o mesmo, mas a criação dos testes, a forma de resolver, tende a variar (claro, desde que você não fique olhando para resolução atual e passe a pensar como novo problema). No próximo capítulo separei os exercícios complementares e os desafios para você brincar um pouco mais e praticar. Esses não têm projeto de resolução, assim fica mais desafiador ao saber que não encontrará um código para comparar o resultado.

Capítulo 7
Lab Extra *TDD*

Este é um capítulo do livro onde coloquei exercícios complementares para aqueles leitores que ainda querem praticar mais, além do que já vimos nos exercícios durante todo o livro. A única diferença é que antes sempre tínhamos o *projeto-solução* para podermos comparar e ver como foi resolvido. Mas aqui não têm isso. Agora é com você. Então terá que criar os *unit tests*, buscar a solução e garantir que atendeu aos requisitos sem ter que comparar com uma solução pronta. Em outras palavras: *"Terá que confiar no seu taco"*. O que posso fazer por você? Dar os parabéns por ser mais um sobrevivente do mundo *TDD*. Isso é sério, poucos persistem e chegam até aqui, então acredite, você está no grupo chamado *"Exceção"*.

Não há nada de inovador nos exercícios a seguir, exceto a possibilidade de você poder resolver o problema usando *TDD*. Como sempre, eu recomendo não se esquecer do ciclo da técnica e faço questão de apresentar novamente na imagem a seguir:

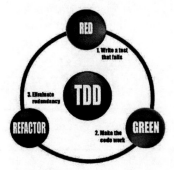

Figura 60: Ciclo *TDD*

Outro ponto importante que busquei nos problemas a seguir foi trazer o cenário do mundo real da maneira mais prática possível, forçando você a pesquisar, ler e entender de assuntos voltados para área de negócio. Afinal de contas, esse é o nosso trabalho resolver problemas de negócio.

Lab Complementar: Controle de Compras

Mais um Lab divertido para você. Esse daqui tem como objetivo limitar a compra de produtos em promoção por clientes. Ou seja, um cliente não pode levar mais do que X produtos que estão na promoção.

Contexto

O sistema possui uma lista de produtos em promoção e com o limite máximo de compra por cliente para cada produto. Ao receber a lista de compras do cliente, é necessário verificar a quantidade de cada produto adquirido. Caso tenha um produto na promoção acima da quantidade permitida, o cliente é informado que a quantidade do produto em promoção está acima do limite permitido.

TO-DO: escreva sua lista de teste.

Figura 61: Lista *TO-DO*

Refactoring: Anote a seguir as possíveis técnicas de *refactoring* que imagina usar. Claro que você verá mais quando começar a escrever os seus *unit tests* e, para não perder o *time* de desenvolvimento, anote aqui. Não resisti e coloquei algumas.

Refactoring		
Rename variable		
Extract Constant		

Lab Complementar: Agendamento de Tarefas

Contexto
A partir de uma aplicação de agendamento de tarefa, o usuário poderá agendar atividades futuras no sistema a partir do dia e ano corrente. Não é possível agendar para o passado ou uma tarefa no mesmo dia e horário já reservado. Se a tarefa é especifica para uma pessoa, grupo ou entidade, esses devem ser informados, do contrário será uma tarefa direcionada para todos.

TO-DO: escreva sua lista de teste.

Figura 62: Lista *TO-DO*

Refactoring		

Lab Complementar: Multa Mora

Contexto

Calcular o valor da multa por atraso para pagamentos. É informada a data de vencimento, data de pagamento e o valor monetário da dívida. A aplicação retorna o número de dias entre a data de vencimento com a data de pagamento. Caso tenha sido pago com atraso, é calculado o valor da multa com base no valor monetário da dívida e retorna um novo valor a ser pago. Para saber o valor de multa mora você precisa ir até o *link* a seguir e entender a regra de negócio (fiz isso de propósito).

http://www.receita.fazenda.gov.br/pagamentos/pgtoatraso/multamora.htm

Outra informação importante que o nosso cliente nos passou é que, em caso do devedor pagar com 10 dias antes do vencimento, ele recebe um desconto de 5%.

TO-DO: escreva sua lista de teste.

Figura 63: Lista *TO-DO*

	Refactoring	

Lab Complementar: Imposto de Renda

Com base no rendimento mensal, anual e valor de patrimônio adquirido de um cidadão, verificar se é preciso declarar IR.

 Nota: para resolver este problema, é necessário entender como funciona a cobrança de IR. Se não sabe, veja como uma oportunidade de aprendizado. Assim você exercita mais em compreender a área de negócios, que é considerada um dos gargalos entre profissionais de TI com os "homens de negócio". Com uma pesquisa no velho *Google* ou acessando o site da Receita Federal, você obterá as informações necessárias.

TO-DO: escreva sua lista de teste.

Figura 64: Lista *TO-DO*

Refactoring		

Conclusão

E assim chegamos ao final de mais um capítulo. Espero que você tenha gostado da abordagem usada. Foi uma das formas que encontrei para forçar você a praticar mais e se envolver ao máximo possível com *TDD*. Eu confesso que gostaria de ter lido um livro assim quando comecei meus estudos com a técnica, mas infelizmente não achei e tive que trilhar meu próprio caminho prático e depois ir melhorando quando caísse em um projeto real. Mas antes disso tive que "dar meu jeito, se tivesse a fim de aprender" e com base nisso eu achei importante no meu livro de *TDD* tentar ajudar você a praticar ao máximo. Espero ter atingido esse objetivo. Não deixe de me enviar um *e-mail* sobre o que você achou, ficarei muito feliz em saber sua opinião, seja qual for ela.

Capítulo 8
Praticando *Refactoring*

Novamente vamos falar sobre *Refactoring*, porém agora deixaremos de lado a parte teórica que já abordei no inicio do livro e que certamente você praticou quando fez *TDD*. Para ser sincero, nem todos os desenvolvedores fazem a parte de *refactoring* no ciclo de *TDD*. É sério, muitos, quando vêem a luz verde e tudo funcionando, perguntam: *"Para que refactorar se esta funcionando?"*. Bom, eu gosto de refatorar, primeiro porque tende a melhorar a qualidade do código e isso reduz o custo da manutenção e ajuda no tempo de vida do produto. A pior coisa para um desenvolvedor, pelo menos eu acho, é ficar horas e horas *"debugando"*um código para entender o que ele faz ou até tentando entender o significado de um método, variável, bloco de código, etc. Confesso que quando eu programava sozinho, ou seja, para mim mesmo, *refactoring* era algo próximo do zero. Também não tinha a idéia do quanto é importante desenvolver algo que gere menos custo na manutenção. Só em estar funcionando hoje, para mim, não satisfaz. Tem que ter qualidade nos "bastidores". E quando fui trabalhar com *team* distribuídos, a qualidade no código desenvolvido era algo que vivíamos todos os dias, porque outro desenvolvedor um dia ia precisar daquilo que você desenvolveu para continuar alguma regra de negócio, ou mudar. Enfim, eu tinha que pensar em escrever algo legível e mais claro possível. Claro que nem sempre dá, mas eu evitava ao máximo algo ruim, no sentido de que fazer um novo era melhor opção. Quando caímos nesse contexto é que a coisa realmente está feia. Essa experiência me ajudou muito e o contato com *refactoring* mais ainda. Até hoje não aprendi escrever o *clear code* (se é que existe), mas busco melhorar a cada linha que desenvolvo.

E por que este capítulo, Camilo?

Bem, eu tive uma frustração com *refactoring* no início. Li o livro *Refactoring: improving the design of existing code* do *Fowler*, mas na hora de praticar: Como? Onde? De que forma atingir aquilo que ele falava? Não tinha. Se você já viu o livro dele, tem apenas trechos de código explicando a técnica, muito bom por sinal. Mas agora eu queria pegar um código e "meter a mão na massa". Essa era minha sede. Fiquei com ela por muito tempo. Até que um dia comecei a fazer algumas aplicações *house made* (era época da faculdade ainda, pois foi quando tive meu primeiro contato com *refactoring* em 2007) e praticar os *refactoring* mais simples, até ir acostumando.

E quando comecei a escrever este livro eu pensei: "vou colocar um capitulo de *refactoring* para quem se interessar, praticar. Eu senti falta disso e talvez alguém sinta também e esteja precisando só de uma motivação para "meter a mão na massa". Então aqui não vai ter nada de especial, vou usar o próprio código que vimos na parte de *TDD* de alguns Labs para que você agora faça *refactoring*. Esse foi um dos motivos pelos que eu fiz questão de não alterar, ou melhor, de refatorar o código do Lab. Se eu o pegasse hoje mudaria muito ali e não quis fazer isso. Quero que você faça, pratique, aprenda e, ao terminar o livro, saia com um ar de felicidade, de aprendizado. A seguir explico como será a parte prática deste capítulo (espero que funcione, pois é a primeira vez que tento explicar a técnica de *refactoring* de maneira *off-line*. Aguardo ansiosamente sua opinião,quem sabe a coloco no meu próximo livro de *refactoring* com seus créditos?).

Como praticar *refactoring*?

Praticar *refactoring* neste capítulo será algo diferente. Eu selecionei alguns exercícios de Labs que achei interessante com várias possibilidades de *refactoring* e, se você fez o *download* de todo código fonte, o projeto específico para *refactoring* está lá, e será ele que você deve alterar e aplicar os *refactoring*. Então importe para o seu *Eclipse*, caso não tenha feito ainda. A seguir você terá os Labs e os nomes dos projetos que estão esperando por você. No primeiro exemplo vou participar, tudo bem? Vou pegar um trecho do código e sugerir alguns *refactoring* e você vai aplicar. Se tiver dúvida de qual *refactoring* aplicar, pode retornar ao capitulo de *refactoring*. Caso não seja o suficiente, terá que ir à página *www.refactoring.com* (eu acredito que ela é melhor que meu capítulo porque tem todos os *refactoring* do livro do *Martin Fowler*, aqui no livro vimos um pedacinho apenas) e passar alguns minutos por lá vendo qual *refactoring* pode ser aplicado no cenário que você tem.

Outro detalhe que vou colocar: uma tabela para você ir anotando os *refactoring* que praticou em cada Lab, assim pode comparar um Lab com outro e ver as diferenças de técnicas aprendidas em cada um. Eu particularmente gosto de fazer isso, sempre tenho um bloco de notas na minha mesa e quando vou refatorar o coloco ao meu lado e quando aplico uma técnica de *refactoring,* anoto. Eu aprendi que a técnica de *refactoring* deve ser feita com calma e muita tranquilidade, porque é algo crítico, concorda? Pois você vai mexer em algo que está funcionando "perfeitamente" e no desafio que for fazer ao término da mudança, tudo deve estar da mesma forma que antes, um erro aí, um *refactoring* mal feito, pode custar seu emprego e a vida da empresa. Em sistemas críticos como de bancos, a coisa é mais complicada ainda. O melhor é sempre fazer o *refactoring* enquanto o sistema não está em produção, mas isso seria o mundo ideal, mas no real nem sempre é assim. Temos que programar e fixar algo com o sistema em produção e aí entra nossa responsabilidade em saber fazer as coisas certas no momento ideal. Saber até onde podemos ir com *refactoring*, aprender a medir o idealismo com regra de negócio pelo fato de defender o uso de *refactoring*, *TDD* etc. Mas há momentos que precisamos equilibrar o uso de boas práticas; se há risco de mudar algo e quebrar não fazemos e esperamos um momento oportuno para fazer. Acredite, uma hora ele chega, pode demorar, mas chega. Depois que você refatorar a aplicação, veja se está funcionando como esperado. A minha dica é: a cada mudança você vê se está funcionando, assim você descobre mais cedo que seu *refactoring* não funcionou e volta para versão original do código e vai entender o motivo. E é aí que você vai aprendendo, buscando novas soluções etc.

Quando sei que o *refactoring* funcionou?

Quando você não quebra a aplicação, se rodar os testes e tudo estiver como antes e produzindo o mesmo resultado, seu *refactoring* está ok. Mas, se até um *rename method* que você aplicou quebrou a aplicação, então temos um *refactoring failure*. E nesse caso, eu busco voltar ao código original e entender o motivo da falha e não tentar ir adiante, pois pode ficar pior. Quando tiver refatorando, não se esqueça dos princípios básicos que, após a refatoração, sua aplicação deve funcionar da mesma forma que antes. Nada muda em termo de funcionalidade, você apenas melhorou a qualidade interna do produto.

Vamos praticar?

Chegou a hora de praticar. Acho que já expliquei tudo o que você precisa para brincar, agora vamos colocar mão na massa. Qualquer dúvida sabe como falar comigo. Espero que goste bastante dessa parte.

A seguir temos os projetos que vamos trabalhar nas próximas horas, dias ou até semanas. Depende de você. Não vou explicar mais sobre o projeto, até porque você já o conheceu no capítulo de *TDD*. Vou buscar ir direto ao ponto, jogar o código, você "bater o olho" e ver onde é possível refatorar. Como falei, não poderei participar de todos os *Labs,* os outros deixarei com você. Outra nota importante é que o código que você vai encontrar aqui não quer dizer que apenas aquele trecho precisa de código, eu escolhi um trecho somente para dar um pontapé inicial, há outros que você vai encontrando à medida que vai programando e se envolvendo com *refactoring*. Mas, no mundo real, no dia-a-dia é assim que acontece, às vezes é a partir de um *rename variable* que começa toda a brincadeira.

Lab *Refactoring* Projeto: Emissão de Boletos

```
....
int umDia = 1000 * 60 * 60 * 24;
long dias = pgtoData / umDia;
if (verificaAtraso(dias)) {
return "Pgto feito em dias";
}
if (dias != 1) {
return "Pgto feito com atraso de " + dias + " dias";
}return "Pgto feito com atraso de " + dias + " dia";
}
```

A única forma em posso participar é informar na tabela abaixo os *refactoring* que consegui ver nesse trecho, o restante do projeto é com você.

Refactoring		
Extract local variable	*Rename variable*	

Lab *Refactoring* Projeto: CPF

```
// se = 10 soma 1
if (numeros[i] == 10) {
soma += 1;
}
// se menor 10 soma o numero
else if (numeros[i] < 10) {
soma += numeros[i];
}
// se maior q 10 soma os digitos
// ex.: 14 soma 1 + 4 = 5
// nunca o numero sera maior q 18
// 2 * 9 !!!
else {
soma += (numeros[i] / 10) + (numeros[i] % 10);
}
```

	Refactoring	
	Extract method	

Lab *Refactoring* Projeto: *Email*

Agora é com você... Importe o projeto para o seu *Eclipse*.

Refactoring		

Lab *Refactoring* Projeto: Extenso

```java
private boolean isUnicoGrupo() {
if (nroLista.size() <= 3)
return false;
if (!isGrupoZero(1) && !isGrupoZero(2))
return false;
boolean hasOne = false;
for (int i = 3; i < nroLista.size(); i++) {
if (((Integer) nroLista.get(i)).intValue() != 0) {
if (hasOne)
return false;
hasOne = true;
}
}
return true;
}
```

Refactoring		

Lab *Refactoring* Projeto: Busca ISBN

Importe o projeto para o seu *Eclipse*.

Refactoring		

Lab *Refactoring* Projeto: Consumo Eletrico *Big*

Trabalho para você fazer sozinho. Não esqueça de importar o projeto para o seu *Eclipse*.

Refactoring		

Lab *Refactoring* Projeto: Simulador de Investimentos *Big*

Manda bala, este é o ultimo do livro.

Refactoring		

E agora?

Chegamos ao final do livro. Momento em que a minha esperança é que eu tenha conseguido atingir meu objetivo e que você esteja satisfeito com o investimento, aprendizado, linguagem usada, etc. Apesar de ser um livro bem pequeno, busquei atacar com propriedade cada assunto que achei relevante para sua vida como programador, que desenvolve aplicações orientadas a teste, pelo menos o que considerei básico ou que se espera que um *"TDDista"* saiba do que se trata. Claro que há outros assuntos que poderiam ser citados como *DDD, XP, KanBan, etc*, mas não coloquei nada relacionado porque no momento em que escrevo este livro não possuo nenhuma experiência para compartilhar com você; colocar um tópico e apenas dizer do que se trata, não acho tão válido, já que essa informação está na *internet*. Se você já conhece outros trabalhos meus, sabe que gosto de compartilhar minha experiência. E por isso que o *Scrum* teve um tópico, onde o objetivo foi apresentar um pouco de como as coisas acontecem no *framework*. *Refactoring* eu considero um tópico obrigatório, já que faz parte do ciclo de vida da técnica de *TDD*. O *JUnit* foi apenas porque estamos usando a linguagem *Java*. Claro que a técnica de *TDD* pode ser aplicada em outras linguagens usando outras *APIs* para execução dos testes unitários. Em seguida, conhecimento da *API* do *Google Mockito* que serve para *"mockar"* objetos durante a execução de teste. E por último entramos nos capítulos práticos de *TDD* e *Refactoring*.

Ao chegar ao final de um livro como este, com um assunto bem abstrato, é comum você ter uma sensação que aprendeu pouco e não consegue ver uma aplicabilidade de deixar muitos com inveja amanhã no trabalho. Mas é assim que a mudança interna (também conhecida como "qualidade interna") funciona. Poucos sabem que ela existe. Tanto *TDD* quanto *Refactoring* são técnicas que você começa a entender hoje e só vai aprender com o tempo e exposição, e isso é diferente quando você compra um livro que vai ensinar sobre seu *framework* preferido que, ao final da leitura, fará com que você tnha um bom domínio sobre o funcionamento do *framework*, sobre os problemas, os principais erros e exceções. Com *TDD & Refactoring* não temos essa

116 | TDD na prática

"bola de cristal". Então, se sentir isso ao final do livro, fique tranquilo porque faz parte do processo. É algo diferente e "novo" para seu cérebro, leva certo tempo com base na sua exposição para que o cérebro entre no ritmo.

E para onde eu vou depois que termino o livro?

Bem, há vários caminhos. Eu diria que poderia focar em praticar mais, criar outros exemplos, tirar as dúvidas que ficaram e mais na frente buscar melhorar aquilo que você considera importante aprender o quanto antes, tais como: melhorar meu código ou a forma que faço a lista *TO-DO* etc. sempre há algo para ser melhorado, removido ou adicionado.

Enfim, esta foi mais uma obra e espero que tenha gostado do que viu aqui. Não se esqueça de mandar sua opinião, ficarei muito feliz.

Abraços,
Camilo Lopes

"Os testes lhe dão a confiança de que grandes refatorações não mudarão o comportamento do sistema, o que se conclui que, quanto maior a confiança, mais agressivamente você poderá conduzir refatorações em larga escala que estenderão a vida de seu sistema. A refatoração torna a elaboração dos próximos testes muito mais fácil" [*Beck* 2002]

Referências

FOWLER, Martin. *Refactoring: Improving the design of existing code.*

KNIBERG, Herink. *Scrum from the trenches.*

BECK, Kent. *TDD by example.*

THOMAS, Dave. *Pragmatic Unit Testing in Java with JUnit*

KOSKELA, Lasse. T*est Driven TDD and Acceptance TDD for Java Developers.*

Impressão e Acabamento
Gráfica Editora Ciência Moderna Ltda.
Tel.: (21) 2201-6662